株式投資のカラクリ

初心者でも簡単、経験者にも役立つ

高野譲

彩図社

【図解・株式投資のカラクリ】

はじめに

近年のインターネットの普及によって、株式投資は、以前よりも飛躍的に一般の人々にも親しみやすいものになった。

株式市場は、毎日市況や企業ニュースで賑わい、サラリーマン、学生問わず、投資家となった参加者がそれぞれの考えのもとに株式を売買している。

その上、ネット社会は、マーケットの垣根を越えた**グローバルな投資**をもたらした。先進国をはじめ、ベトナム、インドネシア等のフロンティアと呼ばれる国々にまで、日本から投資できるようになったのだ。**生涯を通じて取り組むだけの魅力**がそこにはある。

そして、**株の世界は夢に満ちている**。何故なら、成長国へ投資してリターンを得たい、企業を応援したい、貯蓄を増やしたい、投資で生計を立てたいなど、投資を始めるきっかけには大いなる希望があるからだ。

そう、マーケットはグローバル化し、そこで投資家は自由気ままに夢を追いかけることができるのである。

とはいえ、**投資とは孤独なもの**でもある。

投資家は、基本的に自分一人で勉強しなければならないし、そもそもお金と夢を扱う個人的な世界に助言を求めたくないという人も多い。

つまり投資には、協力し合えるような友達を作るこ

とが難しい性質があるのだ。そのために、夢を抱いて投資を始めても、時に成果なく、途方にくれて投資をやめてしまう人も多いという現状がある。

昨年まで私は証券会社に勤めていたが、会社の資産運用を請け負う株式ディーラーや個人投資家の方々がこのように一人で途方に暮れて、投資を諦めてしまう姿を数百人と目にしてきた。

投資を始めて上手くいかない人は、株式投資のカラクリ（仕組み）を理解する前に、早々に夢追い人になっている可能性が高いのだ。私は、この状況を断ち切るために、本書を書こうと決意した。

本書は**入門書**である。しかし、内容には現場のノウハウを詰め込み、**どんな人にも役立つ**ものにした。

- **初心者**
- **経験者**
- **実践はしなくても知識として知っておきたい人**

株価を動かす要因はたった一つ、「需要」だけである。本書は、その需要について、実例を多用し、現場のリアリティも絡めて書いた。

ぜひ、本書で株式投資のすべてを学んでほしい。そして、本書を、協力し合えるような友達の一人として迎えてくれれば嬉しい。

【図解・株式投資のカラクリ】

もくじ

1章 株式投資の世界への扉を開け

2章 どんな企業に投資すればいい？

【図解・株式投資のカラクリ】

もくじ

5章 テクニカル分析で銘柄を選ぶ

1章

株式投資の世界の扉を開け

Open the door of the investment world

株式投資の世界への扉を開け 1

★最初に確認しておきたい
株っていったい何？

そもそも株って何なのか？

株とは…

社長　上場企業

発行

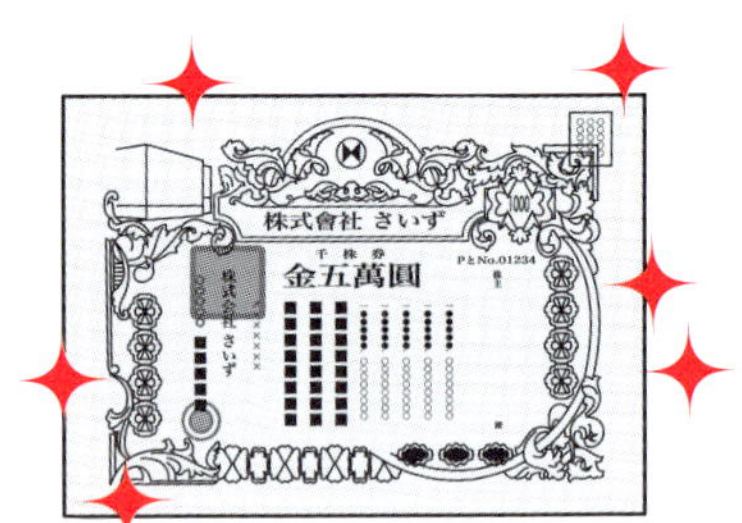

株を上場しているということは…

- 利息・返済が不要な資金調達が可能
- 世界から注目される
- 優良企業の証
- 株式交換で業務提携・企業買収できる

一気に飛躍できる！

株には２種類ある

浸透していない	メインはこちら
優先株	普通株
配当は高いが経営には参加できない	取引所で売ることで出資者を募る

★株そのものの役割とは

株取引を始めると、株の話をするのがとても楽しい。

どこからか夢のように儲(もう)かった話や、スリリングな話が舞い込んでくる。

しかし、いつも話題の中心は、「すごい値動きだった！」「いくらで買った？」という、値動きや価格についてだ。

これは、株の話というより、株取引の「商(あきな)い」についての話である。

まずは原点に戻り、取引ではなく**「株」そのもの**について、株の役割を見ていきたい。

★株を買うと会社の所有者になれる

会社側から見る株の役割は、**資金調達**である。

会社は、取引所の基準を満たした**「普通**

★POINT★

株を買うということは、会社の所有者になるということでもある。

投資家から見る株の役割とは？

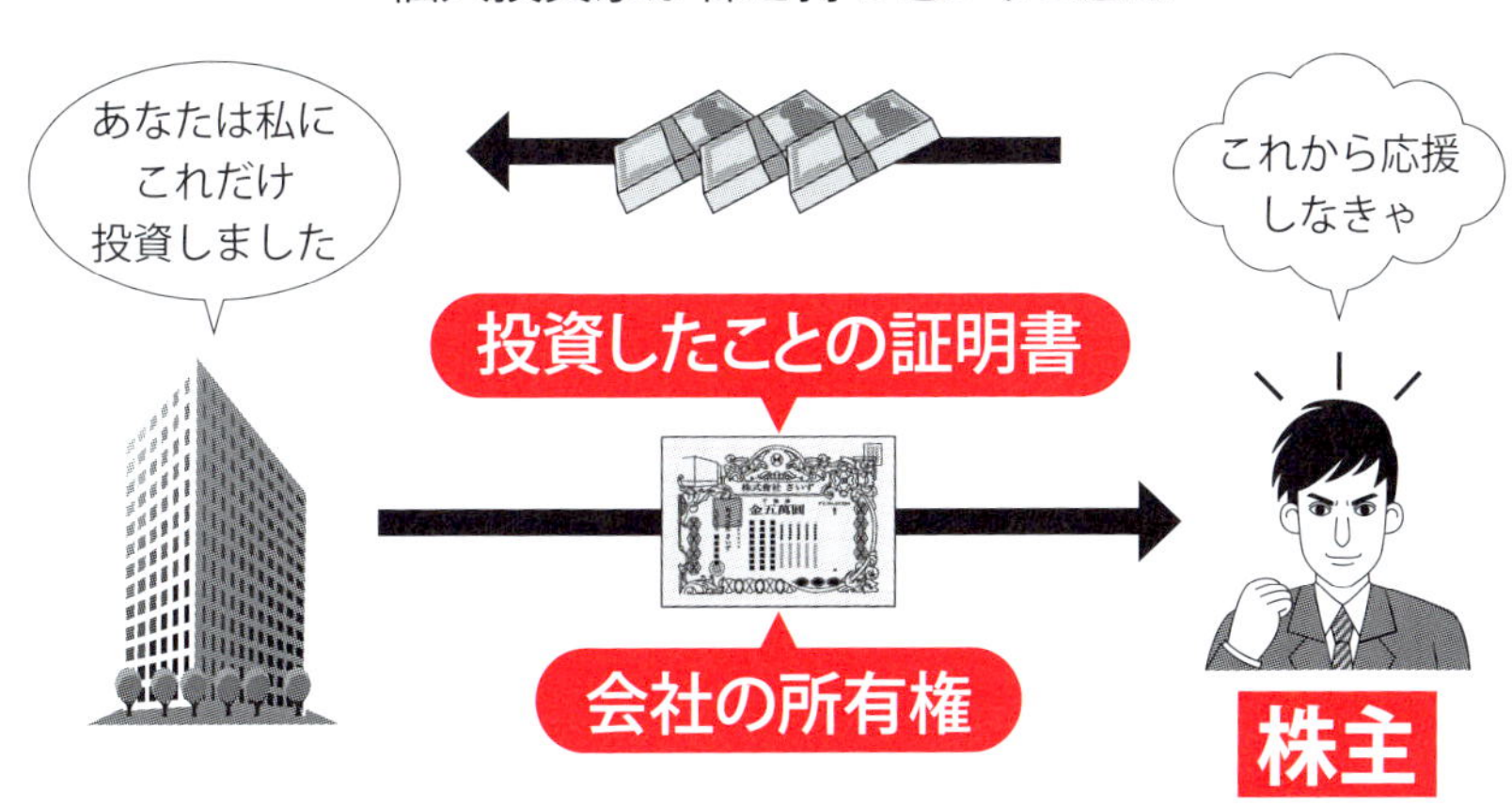

会社は株を使って資金調達をする

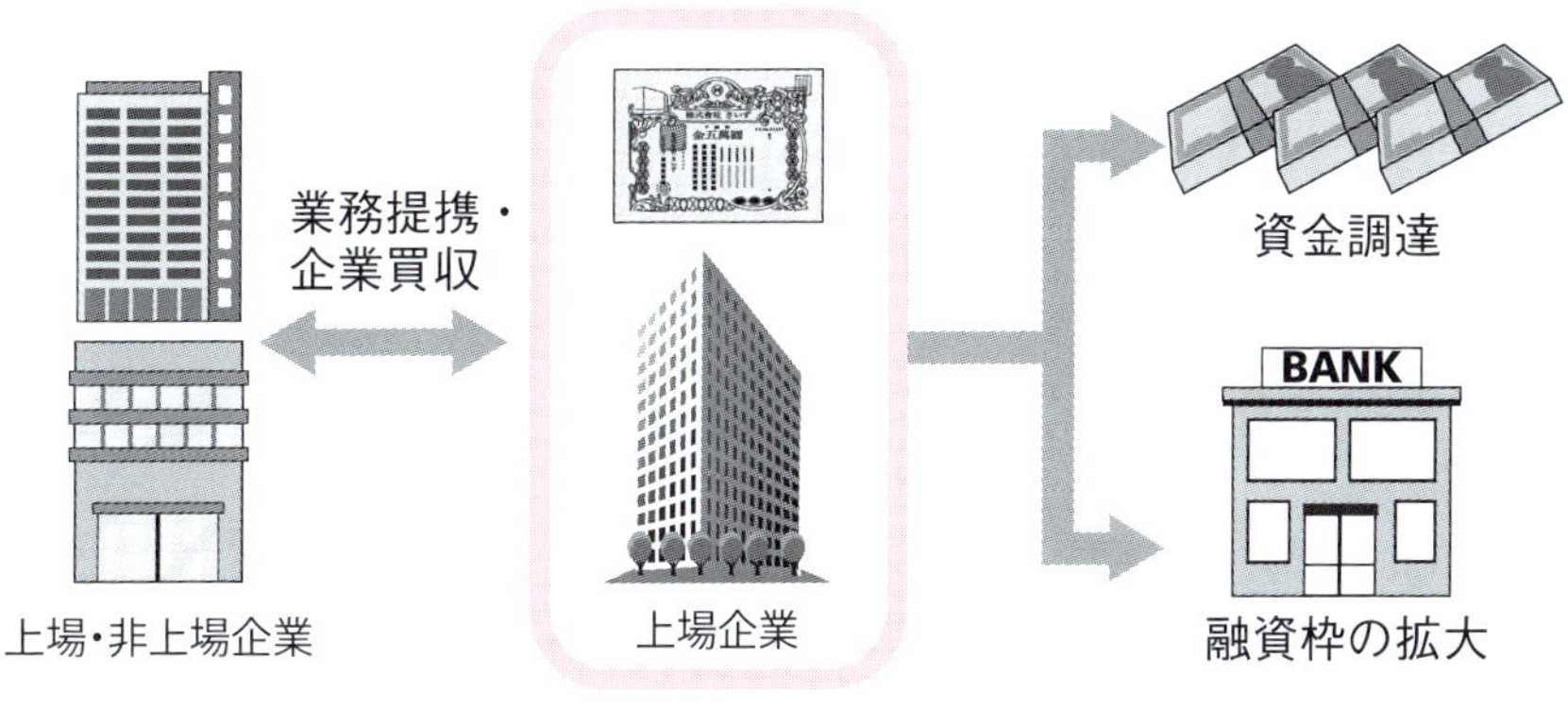

株」を上場させて、それを取引所で売ることで出資者を募っている。

普通株以外にも「優先株」が取引できるが、配当が高いという利点に相反して経営に参加できないなど、適正な株価の判断が難しく、浸透していないのが現状だ。

そのため、私達が何も考えずに取引している株式の99・9％は「普通株」と呼ばれるものだ。

株による資金調達は、銀行からお金を借りる場合と比べて、返済期限がなく、大きなお金を集められるという利点がある。

株を買った人は**「株主」**と呼ばれ、株主が出資したお金の総額が会社の「資本金」となる。

そのため、資本金が大きい会社は発行株式数が多く、その会社を応援する株主も多いはずだ。

では、株主側から見る株にはどんな役割があるのだろうか？

株主が手にした株は、「あなたはいくら投資した」という**証明書**であり、投資した会社の**所有権（持ち分）**でもあるのだ。

今では株券は電子化されて、手に持てないので実感が湧きにくいが、1枚でも株を買えば、株主として、**会社の所有者**として、経営に参加することができるのだ。

Open the door of the investment world
株式投資の世界への扉を開け
2

★株にはどんな魅力がある？

株主の権利と責任

株主の４つの権利

配当を受ける権利

会社の利益を配当金として分配される
（年に１、２回実施）

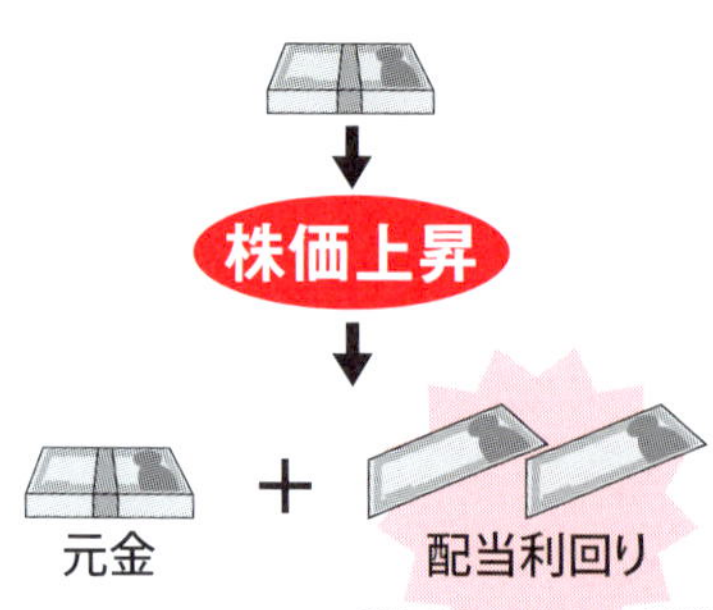

利回り…年２％前後
（東証１部の平均）

株主優待を受ける権利

企業ブランドの景品などがもらえる
（年に１、２回実施）

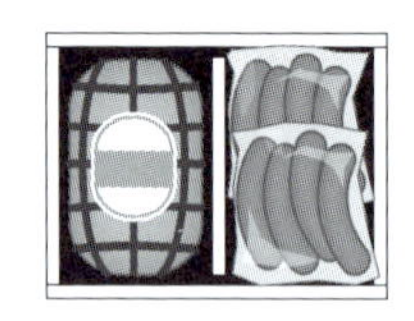

株主総会に出席する権利

会社の解散・合併などの重要事項 を
投票で決定する

残余財産分配権

会社の解散時に資産が残っていれば
分配を請求できる

★株主が持つ４つの権利

株主として会社の経営に参加するとなると、大変な仕事が待ち受けているように思うかもしれないが、株主が実際に行うのは、会社の運営ではなく**権利の行使**である。

株主の権利は上記の４つである。株を持つことで自動的に得られるこれらの権利が、投資の魅力の中でも大きなウェイトを占めている。

配当を受ける権利とは、年に１、２回、会社の利益を配当金という形で受け取る権利だ。

次の株主優待制度では、やはり年に１、２回、投資した会社やそのグループ企業の様々な特典がもらえる（24ページ参照）。

株主総会では、会社側から事業報告があり、配当金の件、取締役と監査役の選任など、会社の重要事項を「賛成」「反対」投票で決定する。経営に参加するとは、まさに株式会社の最高意思決定機関である株主

株を買うことで手に入る権利は多いが、出資金の範囲内での責任も発生する。

株にはリスクもある

株主としての責任

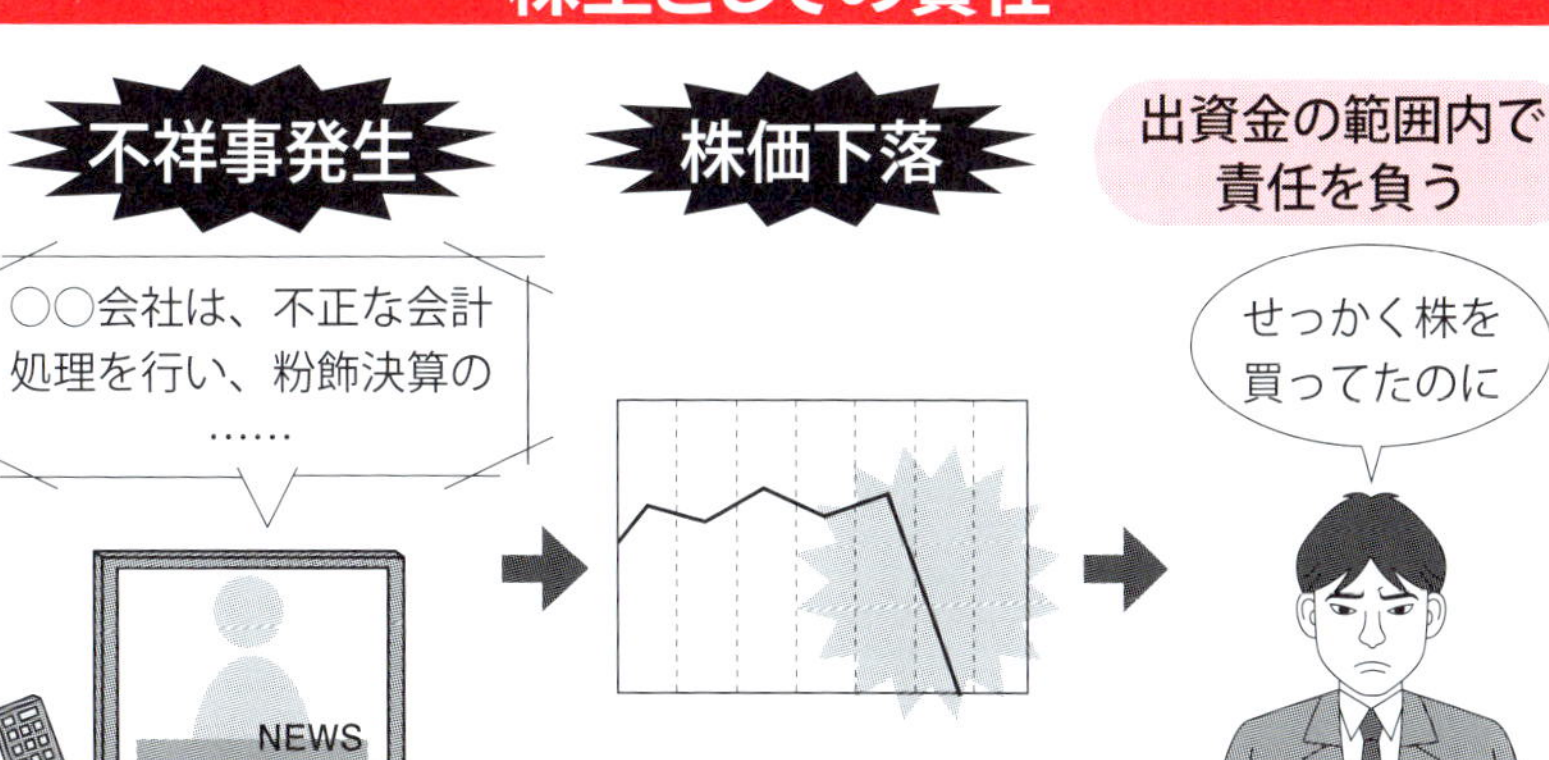

株価変動リスク

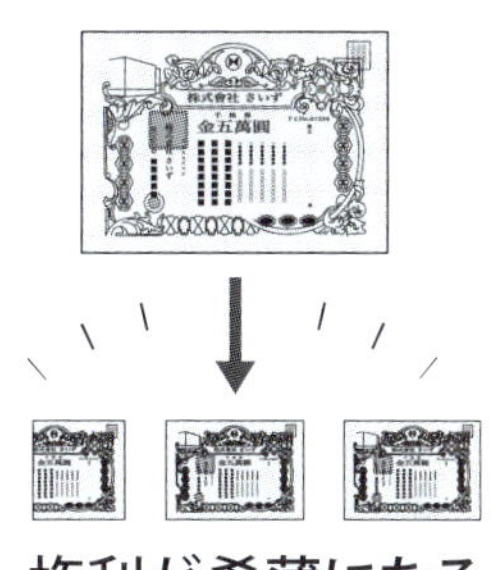

総会に参加することなのである。

最後の残余財産分配権は、会社が解散して資産が残っている場合に、分配を請求できる権利だ。

経済学上では、会社は株主のものであり、会社の資産も同じく株主のものになる。さぞかし面倒そうに感じられるかもしれないが、実のところ、苦労よりも楽しみの方が多いのである。

また、会社に投資することには、自己の利益だけでなく、**社会の発展に貢献する**という社会的意義もある。

★株主としての責任

ただ、株主にはリスクもある。このリスクを「**株主責任**」という。別の言葉に置き換えると、**株価の変動**リスクとなる。

株主は、会社が経営不振になり、打開策が実施される時に、株主としての責任を負うのである。

最悪の場合は、債務超過で会社の資産がまったく残らずに倒産して、株の価値をすべて失ってしまうことも考えられる。

会社の借金までを背負うことはないが、**出資金の範囲内で株主としての責任を果たす**ことになるのだ。

株取引のしくみ

★証券会社を介して行う

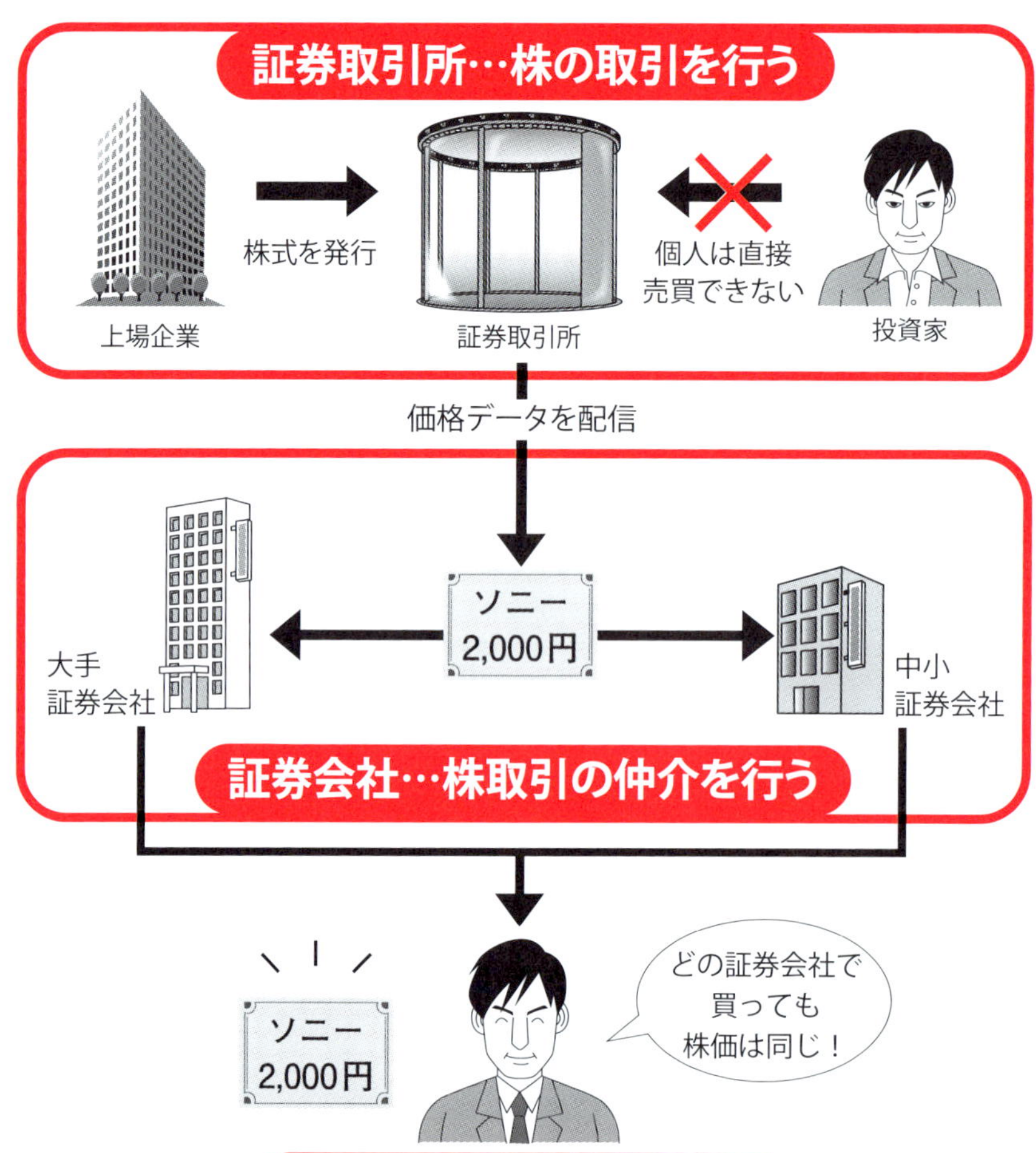

★個人間での売買はできない

株主になる魅力とリスクを把握した上で、株を買うと決めたら、次は実際の購入だ。

とはいえ、そのためにわざわざ東京都の証券取引所まで足を運ぶ必要はない。日本各地には株式等の取次を行っている**「証券会社」**があり、株取引の仲介をしてくれているからだ。

証券会社は、「総合取引参加者」として、証券取引所で株を売買できる資格を与えられている。**個人が直接取引所で売買することはできない**のである。

★どこで買っても株価は同じ

証券会社へ取引の仲介を依頼する時、メ

★POINT★

株取引の世界は整然と構築されている。そのため安心して取引ができる。

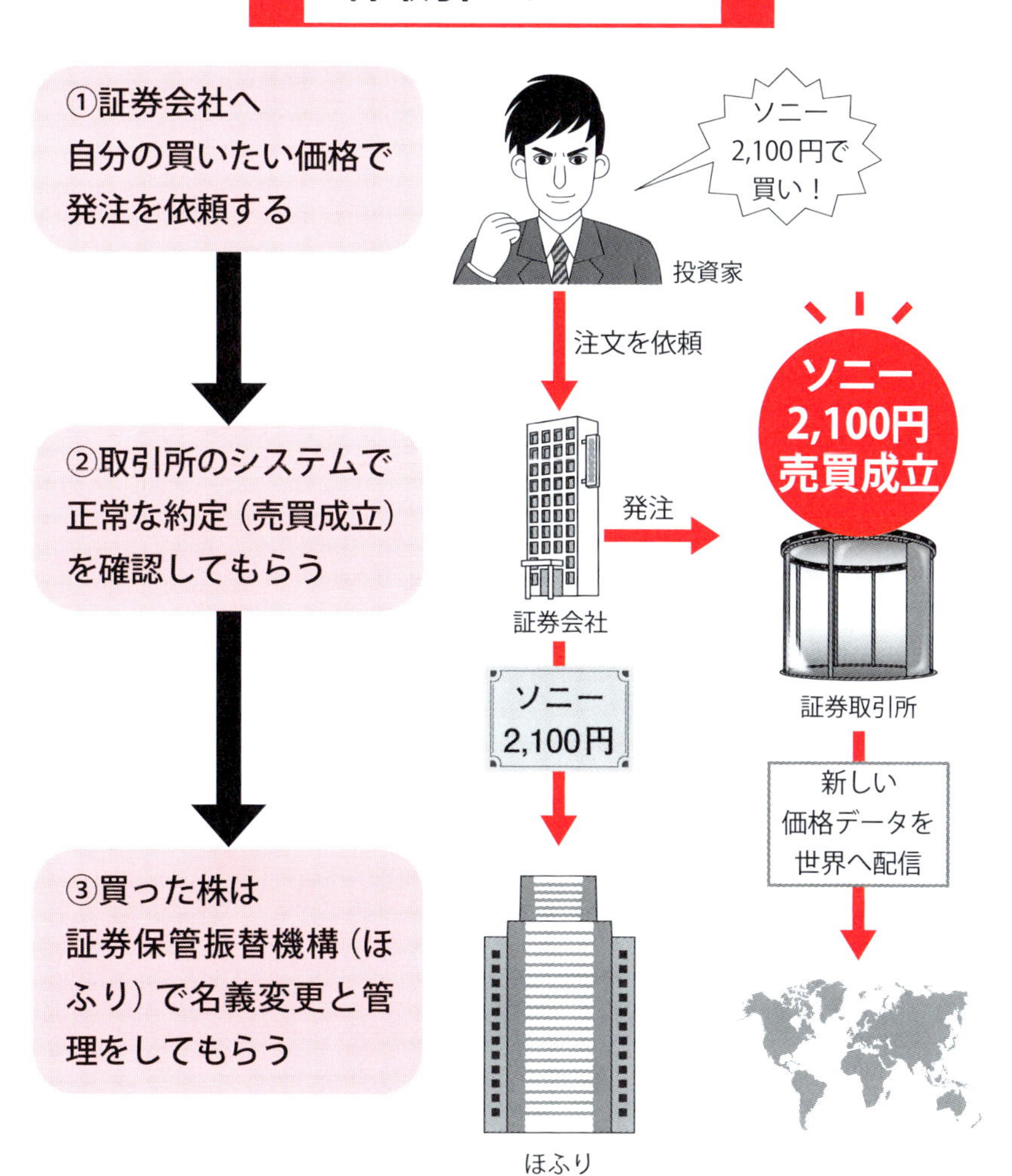

ジャーな証券会社でなければ心配という意見もよく聞くが、株の価格に、都会や地方などの立地や、証券会社の大小による違いはない。

それは、**どの証券会社も一つの取引所から配信される一つの株価データを利用している**からだ。

例えば、ソニーを2000円で100株買う場合、ミリ秒単位で同時刻ならば、どの証券会社でも2000円で買うことができる。

そして、証券会社に預けたお金は、どこの証券会社でも必ず会社の財産と分別管理されている。

買った株は、日本で一つしかない証券保管振替機構（ほふり）という場所で保管・管理されているので安心だ。

★株取引は一瞬で終わる

株取引のプロセスをまとめると、上記のように、証券会社、取引所、証券保管振替機構がそれぞれ役割を分担することで成立している。

インターネットで株取引をした経験がある人なら分かるだろうが、このプロセスは一瞬で完了する。

★まずはこれをやってみよう

自分に合った証券会社を選ぶ

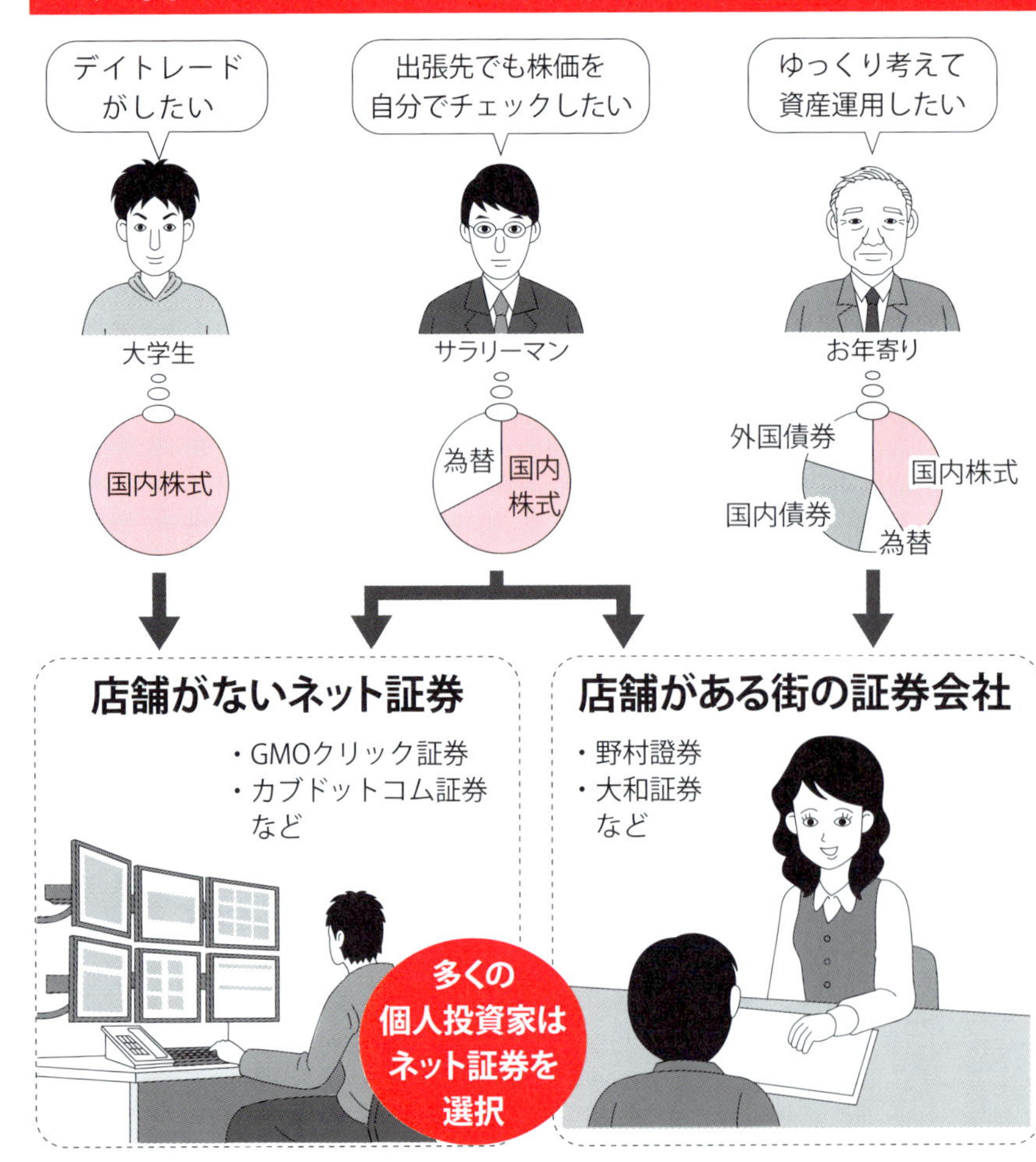

★主流はネット取引

株を買うのに資格は必要ない。サラリーマン・学生・主婦、誰でも口座を開設して取引に参加できる。

しかし、退職金を運用する高齢者と、投資サークルの学生とでは、取引の頻度や場所が違うはずだ。各証券会社の特徴を理解し、自分に合った証券会社で口座開設すべきである。

主なサービスの違いは、手数料・取引ツールの使いやすさ・投資アドバイスの有無・モバイル環境の有無で、取引スタイルに合わせて優先順位を決めるとよいだろう。

店舗がある証券会社では、投資アドバイスのサービスの有無で口座が2つに分かれている場合がある。**ネット取引専用の口座**と、**店頭取引専用の口座**だ。

そして、最近の主流は口座維持管理費ゼロ円のネット取引専用口座の方である。

自分の投資スタイルや環境を考えれば自然と自分に合う証券会社がわかる。

ネット証券のメリットとデメリット

ネット証券のメリット

手数料が安い

口座維持手数料０円

モバイルで取引ができる

パソコン・
スマートフォン・
タブレットなど

ネット証券のデメリット

すべて自分１人で行わなければならない

取引環境の構築

情報収集

銘柄管理

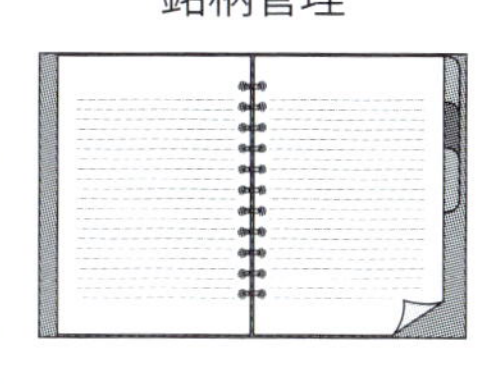

ネット取引専用の口座には、アドバイスのサービスがないかわりに、手数料が安いというメリットがある。

デイトレードには必須だし、中長期の保有を目的とした**スイングトレード**でも週に1回以上取引するなら、ネット取引専用口座の手数料の安さは魅力的である。

★ネット取引は自己責任

ネット取引を始めるには準備が必要だ。インターネット回線とパソコンを用意したら、取引専用口座を開設し、取引するツールをインストールして、その使い方を習得する（ツール操作のサポートデスクはある）。そして、投資する会社を選び、業績の分析をやるという環境だ。

もちろん、発注・株の管理は、**すべて自分一人の責任**で行うことになる。しかしその経験で得られる知識は、決して無駄にはならない。投資を続けるうえで必ず役に立つだろう。

そして、最近では、スマートフォン、タブレット端末で簡単に取引ができるようになった。海外旅行へ行ってもネットにさえ繋がれば緊急時に対応できるのは、大きなメリットである。

Open the door of the investment world

株式投資の世界への扉を開け 5

★ネット上でできる 口座開設と入出金のしかた

口座の開設はかんたん

1. 必要な書類を用意する

【書類】免許証・健康保険証・住民票の写しなどからひとつ

・メール添付
・アップロード
・コピーして郵送

2. 証券会社のホームページから口座開設

【主な入力項目】
・住所・氏名
・内部者登録（勤務先が上場企業の場合のみ）
・特定口座開設区分
・アンケート（経験・目的・金融資産）

1～2週間

3. 口座開設手続完了の通知

本人限定受取郵便で届く

4. ログインして取引開始

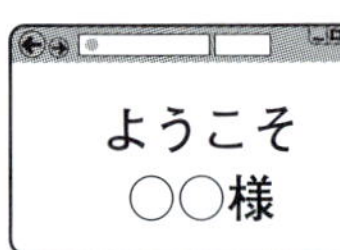

初期パスワードはログイン後に変更する

★口座を開こう

ネット証券で口座を開いてみよう。ホームページの誘導に従って「契約締結前書面」の同意ボタンにチェックし、「口座開設申込書」で住所・勤務先・内部者登録・などを記入・選択していくだけでよい。

内部者登録とは、上場会社に勤める人やその関係会社に勤める人、または顧問弁護士や税理士など、その会社の重要事実を知ることができる立場にある人をあらかじめ証券会社に登録しておくことで、インサイダー取引を未然に防ぐ目的がある。

特定口座開設区分の選択は、次の項目で詳しく見ていく。

そして、記入が終わったら、本人確認書類を指示された方法で提出して終了だ。（WEB上で記入した申込書を郵送で提出する場合もある）

しかし、実際の取引には、ログインIDとパスワードが必要だ。1～2週間後に郵

★POINT★

ほとんどの手続きはネット上でできる。ネットバンキングの口座を作っておこう。

リアルタイムで入金できる

即時入金サービス

●●証券
マイページ
入出金
銀行振り込み
即時入金サービス

①ここをクリック

②金融機関を選んで各金融機関のwebページで入金する

【対応銀行】
・みずほ銀行
・ゆうちょ銀行
・楽天銀行　など

③入金後、リアルタイムで口座へ反映される

●●証券
マイページ
口座残高詳細

現金（余力）	100,000 円
振替可能額	100,000 円

手数料は無料

銀行振込サービス

①ここをクリック

●●証券
マイページ
入出金
銀行振り込み
即時入金サービス

②自分専用の指定口座へ金融機関の窓口のATMから振込を行う

手数料は自己負担

出金サービス

出金を指示すれば、自分名義の口座へ2営業日ほどで出金される

手数料は無料

送される「口座開設手続完了通知」に記載されているので、取引の準備をしながら待とう。

★入金と出金もかんたん

証券口座への入金は、「振込入金専用口座への振込」（振込手数料の負担あり）「即時入金サービス」（振込手数料無料）の2種類がある。どちらも、必ず**本人名義の銀行口座**から振り込む必要がある。

なお当日中に口座の現金残高へ反映させたい場合は、14時30分までにこの口座へ振込しなければならない。

即時入金サービスは、ネット証券で採用されている入金方法で、ネット上で入金を行うとリアルタイムに口座の現金残高に反映される。手数料無料で、時間を問わず、夜間であっても即時に口座に入金できるので便利だ。このサービスを利用するには、インターネットバンキングの口座を持つ必要がある。

なお、「出金」については、ネット証券ならどこも同じだ。WEB上で出金依頼をすると、あらかじめ指定した銀行口座に振り込んでくれる。基本的に、振り込まれるまで2営業日かかると覚えておこう。

★税金を安くする方法がある
口座のタイプと税金

Open the door of the investment world 株式投資の世界への扉を開け 6

口座のタイプによって納税のしかたが変わる

株にかかる税金の率は一律20% だけど…

特定口座		一般口座
源泉徴収	確定申告が必要	

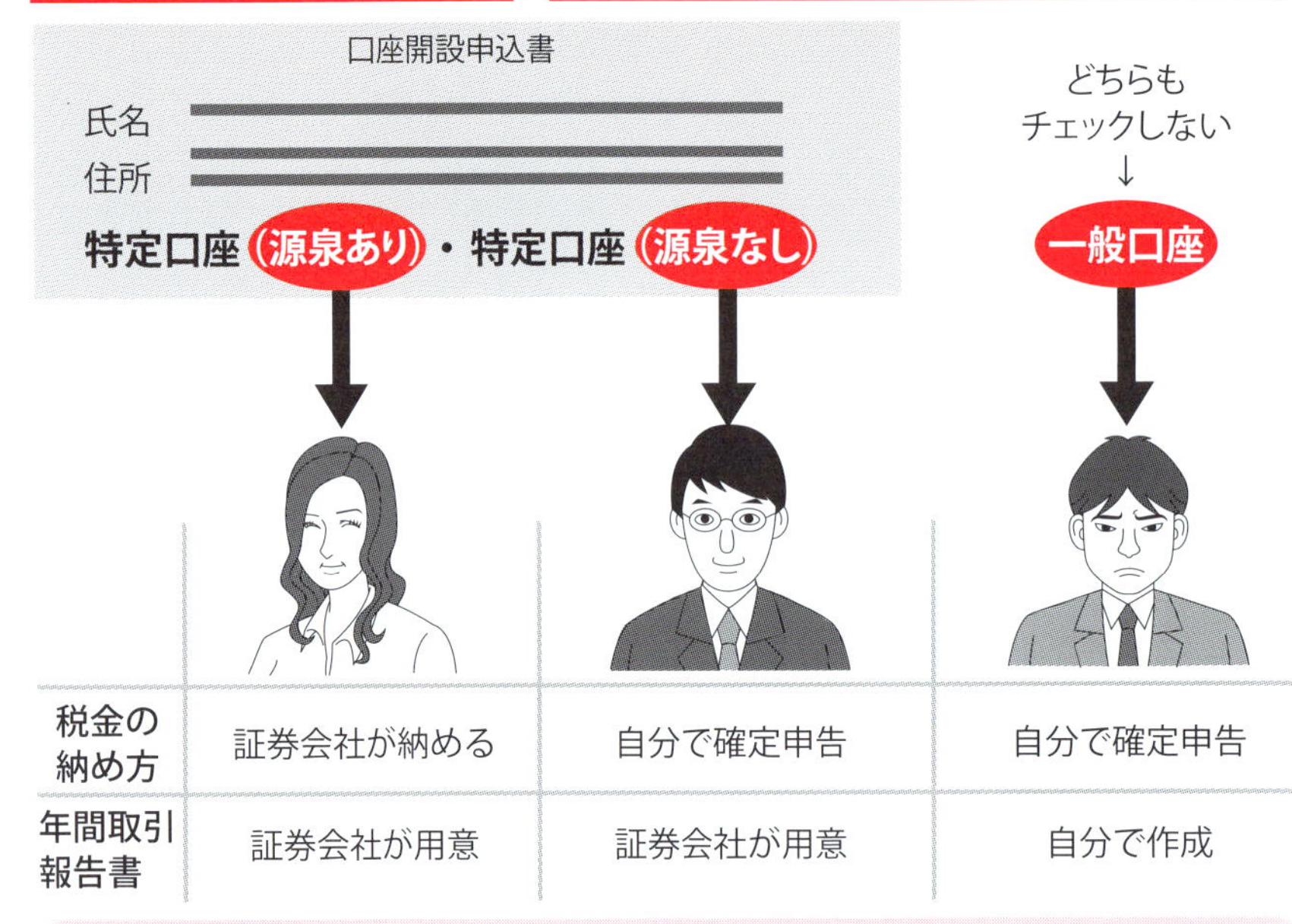

	特定口座（源泉あり）	特定口座（源泉なし）	一般口座
税金の納め方	証券会社が納める	自分で確定申告	自分で確定申告
年間取引報告書	証券会社が用意	証券会社が用意	自分で作成

年間取引報告書があると…

年間取引報告書
昨年の損益は
+30 万円

→ 納める税金は６万円
計算が楽！

税率…所得税 15%+ 住民税５%=20%

★口座タイプは税金の支払い方で選ぶ

証券会社に口座を開設しようと「口座開設申込書」に記入していくと、「**特定口座**（源泉あり・源泉なし）」・「**一般口座**」という項目の選択で手が止まるかもしれない。

この項目は、源泉という文字から分かるように、**税金の支払い**に関係している。

株にかかる税金の率は、一律20％（所得税15％、住民税５％）である。

納税額は、1年間（1月1日～12月31日）のすべての利益から損失を引いた譲渡損益に対して計算する（株を保有したままでは納税義務は発生しない）。

一般口座と特定口座（源泉なし）の場合は、自分で確定申告しなければならない。その際、一般口座は収支計算を自分で行う必要があるが、特定口座（源泉なし）であれば、「年間取引報告書」を証券会社がＰＤＦ等で用意してくれるので、収支計算が

★POINT★

面倒な作業が苦手な人には特定口座がおすすめ。払いすぎた税金も戻ってくる。

節税のポイントはここだ

①利益が20万円未満なら申告不要

特定口座（源泉なし）

年間取引報告書
昨年の損益は
+18万円

②株の損失と配当金で損益通算する

③複数口座の間で損益通算する

A証券の特定口座（源泉あり）+50万円 ＋ B証券の特定口座（源泉あり）−50万円 → 確定申告すればA証券分の過納額は還付される

④株の損失は３年間持ち越せる

今年 -50万円 → 損失額を確定申告 → 翌年 +50万円 → 納税額０円！

楽になる。

★特定口座はラク

そして、特定口座（源泉あり）ではもっと楽になる。

この口座で取引をすると、**面倒な確定申告をしなくてよい**のだ。株を決済するたびに、証券会社が株主に代わって源泉徴収してくれるのである。

損失を出した翌日には口座内へ還付金が返納されている。さらに、同一口座内での株の損益と配当金、投資信託の分配金の**損益通算もしてくれる**。

要するに、**面倒な納税作業をすべて証券会社に「おまかせ」できてしまう**のだ。

しかし特定口座（源泉あり）でも確定申告をするべき場面が二つある。

一つめは、複数の口座で取引して損益通算する場合で、二つめは年間の取引がマイナスだった場合だ。

その年の損失を翌年から3年間繰り越し、その後出た利益と損益通算できるので覚えておこう。

これらの口座の使い分け次第で、税金を安くすることもできる。具体的な方法を上図にまとめたので参考にしてほしい。

信用取引もできる

★デイトレードには必須

信用取引とはどんな取引か

信用取引とは…

証券会社から資金を借りて売買する取引

特徴1

**「レバレッジ」によって
持っている資金の何倍分もの株が買える**

3倍のレバレッジをかけると…

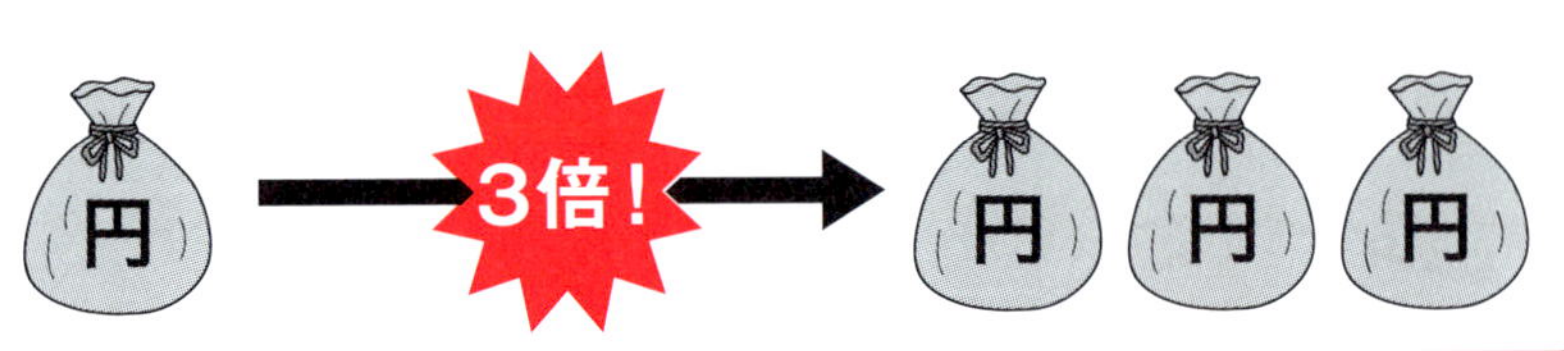

特徴2

回転売買ができる

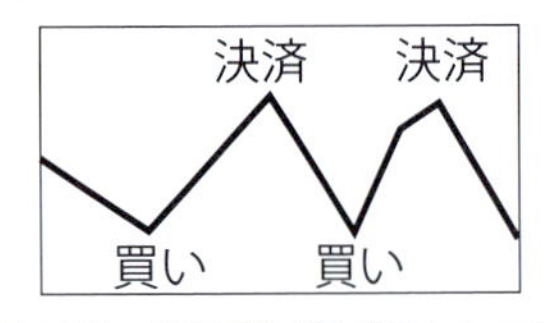

現物取引では回数が制限されている

特徴3

空売りができる

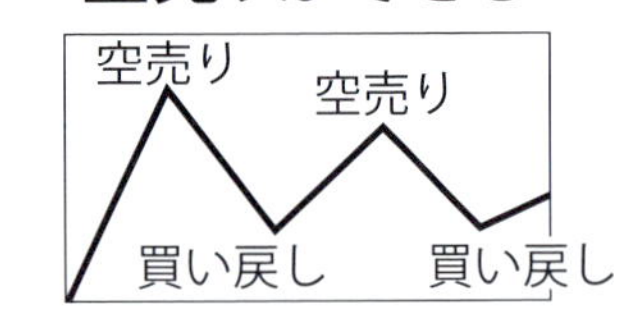

売った値段より安く買い戻して
利益を出す

空売りと回転売買はデイトレードに必須

★信用取引とは

信用取引口座を開設した場合、株を買う注文を出す前に、「現物取引」か「信用取引」のどちらを使うのかを決める必要が出てくる。

例えば、自分の証券口座に30万円入金したとすると、現物取引で買えるのは30万円以内の株となる。普通に株を買うという時はこちらが前提になるだろう。

一方、信用取引の場合は、委託保証金（証拠金）30万円を口座に入金したら、**「レバレッジ」**によって、その3倍の90万円分の株が買えてしまう。

信用取引とは、要するに、**証券会社から資金を借りて売買する取引**のことである。そして「委託保証金率」というものがあるため、口座の残金は、取引額の20～30％を維持しなくてはならない。

株が値下がりしてこれを割り込んだ場合、追加入金するか、買った株を売却して、

★POINT★

信用取引はデイトレードには必須。ただし取引はあくまで余裕資金の範囲内で！

信用取引口座開設の条件

株の取引・リスクについて熟知していることが条件

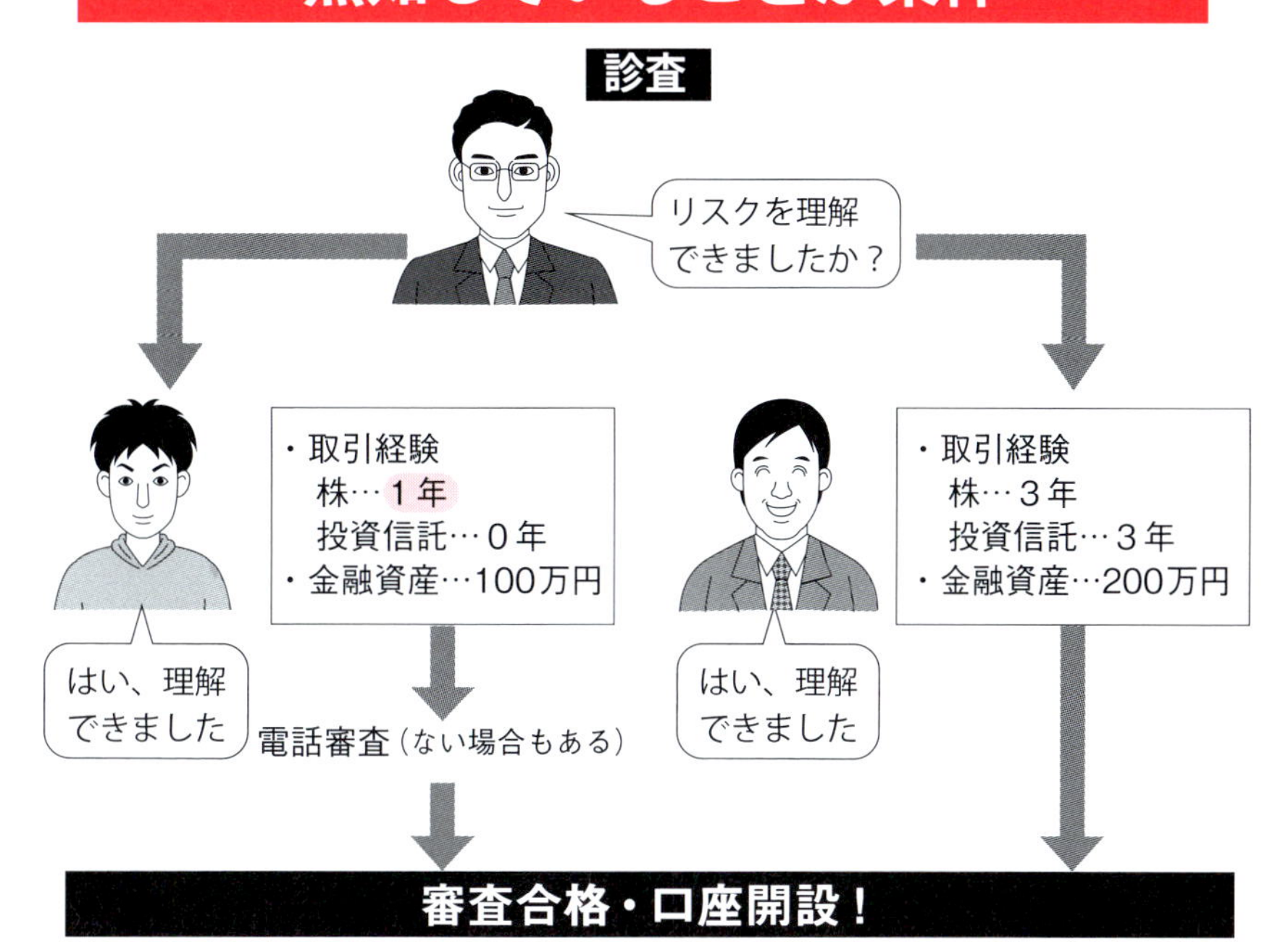

…ただし…

口座の残金は取引額の20〜30%を維持しなくてはならない

投資資金はあくまで「余裕資金」で！

委託保証金率を回復させる必要が出てくるのだ。

その他の特徴には「回転売買」「空売り」がある。上図の通り、少額資金で空売りを含む売買を何度も繰り返すことができる。

★口座開設の条件

信用取引の口座開設はオプションである。一般口座や特定口座を開設した後に、ゆっくり考えてから追加することができる。

信用取引の口座開設には、WEB上のチェックテストと、投資経験が浅い場合は電話での簡単な審査がある。

一度審査で断られると、3カ月以上は再申し込みできない場合が多いので、しっかり準備をして進めるべきだ。

一般的な審査基準は、現物取引経験が1年以上、100万円以上の金融資産、信用取引のリスクについて理解していること、そして**投資資金はあくまで「余裕資金」**であることだ。これが最低ラインの条件となる。

初めての人は少しハードルが高く感じるかもしれないが、取引の経験があれば必ず開設できる。

●ミニコラム●

投資をすると世界が変わる！

★投資はグローバル

海外旅行をしていて街を見渡すと、日本企業の看板も目につくし、海外の人達が日本のことをよく知っていることに驚く。円を現地通貨へ両替する時などは、円の強さに「日本人でよかった」と思う。

グローバル化の一言に尽きるが、投資を始めると、そのことを国内にいても理解できるようになる。

投資とは、旅と同じく、**国境のないグローバルな世界観**を持つものなのだ。

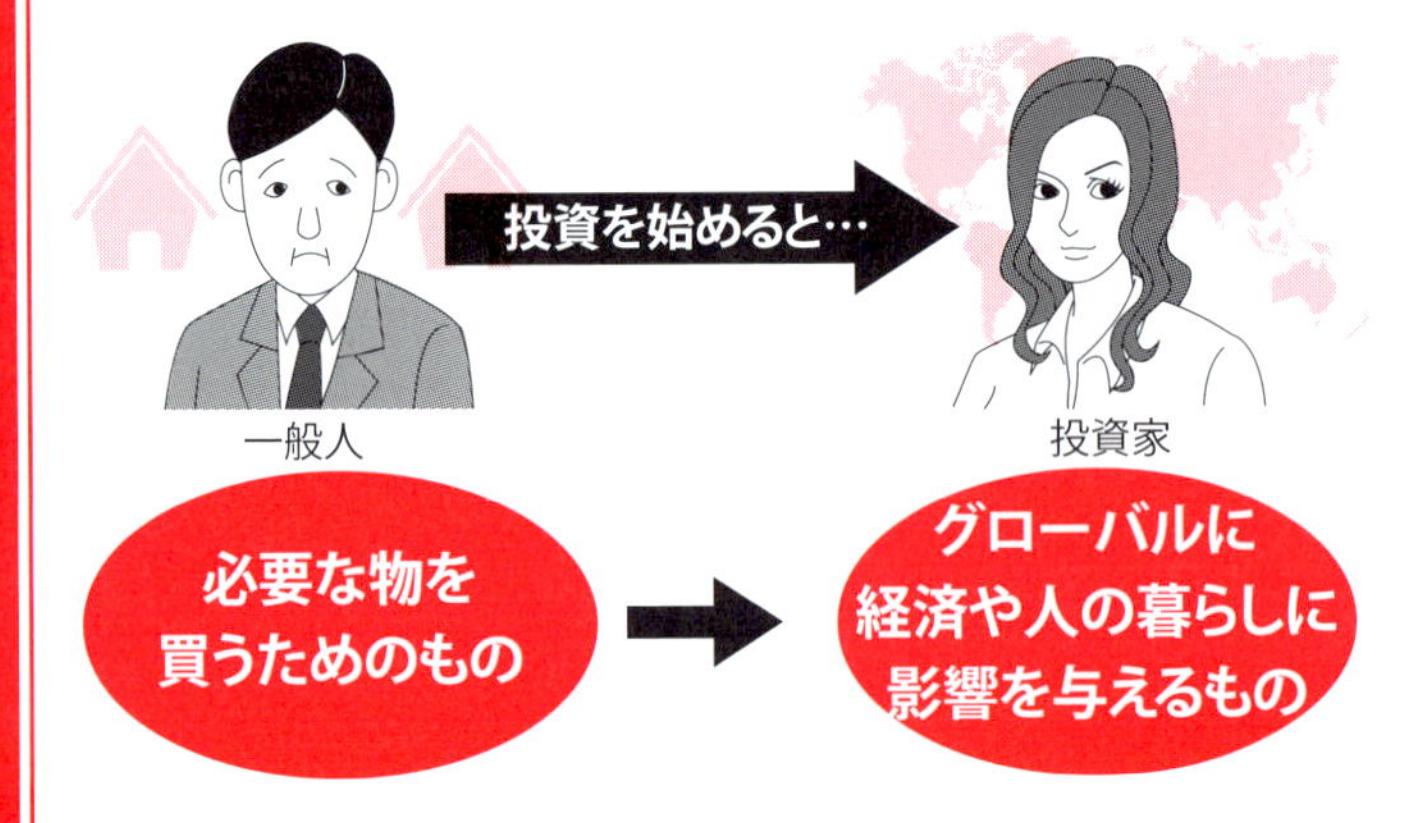

★お金の価値観が変わる

株を買うと、企業ニュースをチェックすることから一日が始まる。株取引を始めるということは、グローバル社会の一員になるのと同じ意味を持つのだ。

そして、お金とは、「必要な物を買うためのもの」という考えから、**「グローバルに経済や人の暮らしに影響を与えるもの」**という価値観に変わる。

株を知ることは世界を知ることにもつながる。今まで見落としがちだったニュースが興味深く見えてくるのも株式投資を行うメリットのひとつだろう。

2章

どんな企業に投資すればいい？

★企業から株主へのプレゼント

株主優待で選ぶ

どんな優待がある？

食で優待

吉野家ホールディングス
食券 3,000円相当（年２回）

プレナス
食券 2,500円相当（年１回）

ワタミ
食券 3,000円相当（年２回）

移動で優待割引

全日空 ANA
国内運賃 50%オフ１枚
ホテル・旅行プラン割引１冊
（年２回）

スターフライヤー
国内運賃 50%オフ３枚
（年２回）

製品で優待割引

イオン
３%キャッシュバックの
「オーナーカード」

ビックカメラ
買物券 1,000円相当

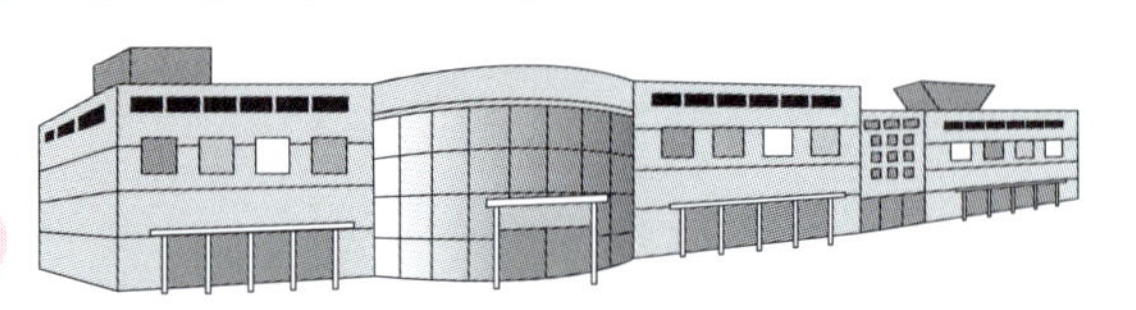

★日常のコストを株主優待で補う

株主優待制度は、勝負の世界から一歩離れている。プロも初心者も同じ目的で、**一つの確定した利益のために株を買う**のだ。

優待目的で会社を選ぶのは、理にかない、何よりも楽しい。

株主優待制度とは、年に1～4回、投資した会社やそのグループ企業の様々な特典がもらえる制度である。これを利用して**生活コストを下げられる**ことが魅力なのだ。

会社によって、ネットの通信費の割引・電車の定期代の割引・お米券・店舗の利用権など、いろんな優待を提供している。

「株主優待で悠々自適」などという名のホームページを覗くと、実際、優待でかなりの生活コストをまかなっている人もいるようだ。

買いたい銘柄に、株主優待があるかどう

★POINT★

優待があると日々の生活が少し潤う。ただし権利の獲得については注意が必要。

株主優待を受けるためのプロセス

権利付き最終日
株を買う

翌営業日

権利落ち日
年に１、２回
優待をもらう権利を
獲得！

★注意点★
「権利付き最終日」までに
株を買って持っていること

最小投資額でいろいろな
優待をもらう
「分散投資」が基本

３営業日後

権利確定日（決算日）
株主として登録！

祝・株主

株を持ち続ける限り優待を受ける権利が発生する

か、そして年に何回もらえて、何株買えば権利が得られるのかは、その会社のホームページや証券会社の企業情報ページ、「Ｙａｈｏｏ！ファイナンス」などでも調べられる。

★権利付き最終日に注意

気をつけたいのは、株主優待の権利を得るには**「権利付き最終日」までに株を買って持っていることが条件**であることだ。

この翌日は「権利落ち日」、さらに2営業日後が「権利確定日（決算日）」と呼ばれる。

権利付き最終日から権利確定日まで3営業日あるのは、実際に、株主名簿を書き換える時間が必要だからだ。

権利付き最終日も会社のホームページや、証券会社の企業情報ページなどで調べられる。

株を買ったら、あとは待つだけだ。

証券口座を開設した住所で**株主名簿に登録**され、多くの場合、その住所あてに宅配で特典が届く。

優待の種類によっては、株主専用サイトでポイントを得るタイプや、郵便で届くカタログから商品を選ぶタイプなどもある。

★企業の利益の一部を受け取れる
配当金でまったり長期投資する

配当金受け取りのプロセス

権利付き最終日
株を買う

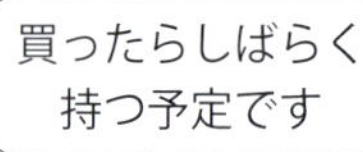

★注意点★
企業が指定した
最小保有枚数等の条件を
満たすこと

翌営業日

権利落ち日
年に1、2回
配当金をもらう
権利を獲得!

★注意点★
最低1日でも
保有するのが条件

3営業日後

権利確定日(基準日)
株主として登録!

★注意点★
権利落ち日には
配当分だけ
株価が下落する

配当金狙いの投資は
「長期投資」が基本

★配当金狙いなら長期投資が基本

配当を受ける権利は、株主の権利の一つで、株主優待制度とセットで考えることが多い。

何故なら、配当金をもらうためには、株主優待制度と同じく、**「権利付き最終日」を含む、その日までに株を買って持っていることが条件**だからだ。

そのため、配当の権利を得た翌日（権利落ち日）にすぐ株を売却してもその回の配当は得られる。

しかしこのことは、権利落ち日に配当分だけ株価が下落してしまう要因になっているので、**配当金狙いの投資は長期投資が基本**となる。

株を買えば、会社が利益を出し続ける限り配当金をもらえる。

実際に配当金を手にできるのは、「権利付き最終日」後に開催される株主総会が終

★POINT★

配当金を狙うなら、利回りの数字に注意しつつ株を長期保持しよう。

配当利回りはどう動くか

「配当利回り」とは…

配当狙いで銘柄を選ぶのに便利な指標

株価が下落すると…

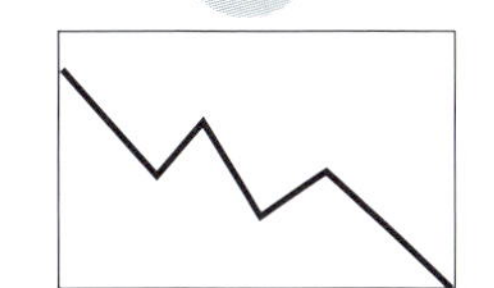

配当利回りは上昇する

株価が上昇すると…

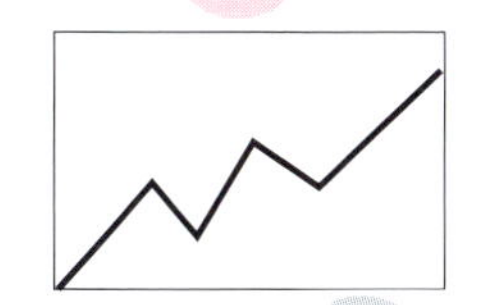

配当利回りは下落する

配当利回り３％以上の銘柄は多い

やはり安定した企業が理想

配当金で選ぶオススメ企業

銘柄名	配当利回り	最低必要投資額	配当金
日産自動車	4.95%	10万7,400円	5,300円
日本郵政	3.71%	13万4,700円	5,000円
三井住友銀行	3.97%	40万3,000円	1万6,000円
積水ハウス	3.97%	18万9,000円	7,500円
武田薬品工業	3.16%	57万3,500円	1万8,000円

※最低必要投資額…株価×売買単価
（2016年5月31日）

証券会社の企業情報ページや「Yahoo! ファイナンス」等で調べられる

わってからになる。

受け取り方は、家に届く郵便為替等を郵便局や銀行に持っていく方法と、あらかじめ証券会社のマイページで受け取り口座を指定する方法の２種類がある。

★利回りで選ぶ

配当狙いで銘柄を選ぶのに便利な指標が**「配当利回り」**である。

これは、配当金の情報と一緒に、証券会社の企業情報ページや「Ｙａｈｏｏ！ファイナンス」等で調べられる。

これは、株価に対する年間配当金の割合を示す指標であり、証券会社の企業情報ページやＹａｈｏｏ！ファイナンス等で配当金（金額）と利回り情報のセットで調べることができる。

そして、長期投資が基本となれば、やはり安定した企業が理想だ。

日本の強みである自動車関連（トヨタ・日産等）や、為替や海外の影響をできるだけ避けた通信・薬品（ＮＴＴドコモ・武田薬品工業等）の内需関連銘柄が高配当なので、候補リストにあがってくるはずだ。あらかじめリストを作っておくとよいだろう。

買う前に業績をチェックする

★会社の決算を見よう

決算短信とは何か？

「決算短信」とは…

決算発表と同時に提出するもの

決算の概要をレポートにした速報

1年を4期に分けて3ヵ月ごとに公表

株式投資の世界では「決算=決算短信」

3月末決算企業の場合

8月頃　第一四半期決算の発表

11月頃　第二四半期決算の発表
別名:中間決算

2月頃　第三四半期決算の発表

5月頃　第四四半期決算の発表
別名:本決算

昨年1年間の総まとめ

平成○○年 決算短信（連結）

・連結経営成績
・連結財政状態
・連結キャッシュフロー
・配当の状況　など

東証のホームページにある「TDnet」などで確認しておきましょう

★決算短信で業績をチェック

上場企業は、年に1回、本決算を発表して、3カ月ごとに四半期決算を発表する。

しかし、本決算の発表があったとしても、株主総会が開かれるのを待って、そこで内容を聞いていたのでは迅速に対応できない。さらに、その場で分厚い計算書類や報告書を手にしたところで、業績データの評価も難しい。

そのため、投資家は、本決算や四半期決算の内容を**「決算短信」**と呼ばれるものでチェックしているのだ。

株式投資では**決算＝決算短信**である。決算短信とは、取引所が上場企業へ年4回の決算発表と同時に提出するように義務付けたもので、見やすい共通形式で決算の概要をレポートにまとめた決算速報である。上場企業のホームページにある決算資料室で、過去の業績データも含めて入手できる。

★POINT★
業績チェックには決算短信を利用する。その中でもEPSに注目しよう。

ＥＰＳは１株あたりの当期純利益

「ＥＰＳ」とは…
１株あたりの当期純利益
ＥＰＳ＝当期純利益÷発行済株式数

平成 26 年　決算短信
〇〇株式会社
1. 平成 26 年度 3 期の連結業績
売上高　営業利益…１株あたり当期純利益
2. 配当の状況
3. 平成 27 年度の連結業績予想
売上高　営業利益…１株あたり当期純利益

証券会社サイトの企業情報ページ
【参考指標】
・発行済み株式数
・配当利回り
・ＰＥＲ
・ＥＰＳ

今期の予想EPS　前期のEPS

EPSの水準・伸び＝株価の水準・伸び

A社
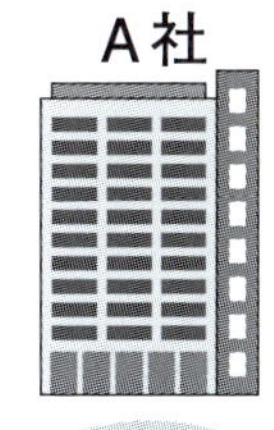
1 億株発行で100 億円の利益
↓
EPS=100

B社

5000万株発行で100 億円の利益
↓
EPS=200

→ **B社の方が収益力が高い**
同業種の銘柄が比較しやすい

決算短信の主な記載内容は、上図の通りである。連結という言葉は、子会社や関連会社からなるグループ全体を対象にするという意味だ。一つの会社の決算であっても、グループ全体の数字で確認することが基本なのだ。

★EPSで株価チェック

決算短信を使って投資判断をする上で、大切な指標の一つに**EPS**の水準と伸びがある。

EPSとは1株あたりの当期純利益のことである。特長は、1株に対する利益額で見るので、会社の大きさを問わずに収益性が比べられるところにある。

EPSの伸びを比べるのは簡単だ。連結経営成績（前期）と連結業績予想（今期予想）のEPSを比べればよいのだ。

A社の予想が前期の2倍、B社の予想が前期の1倍の伸びだった場合、今は株価が安くても、いずれA社はB社と同じ株価になると期待できる。よって、**EPSの伸び＝株価の上昇期待**となり、投資価値はA社に軍配があがる。

当然、EPSの水準と伸びが両方とも高い別のC社が見つかれば一番良い。

★銘柄選びのノウハウ

購入する株の決め方は色々

「アノマリー」で株を選ぶ

株価の値動きは習慣的なパターンを繰り返す

12月の株価は安く 1月の株価は高い

年末にリスク回避の売りが出やすく、1月は反動で新しくポジションを取る投資家が多い

4月の新年度相場は株価が上昇する

3月にポジションを解消した機関投資家が4月に新しくポジションを取る

鯉のぼりの季節がきたら売り

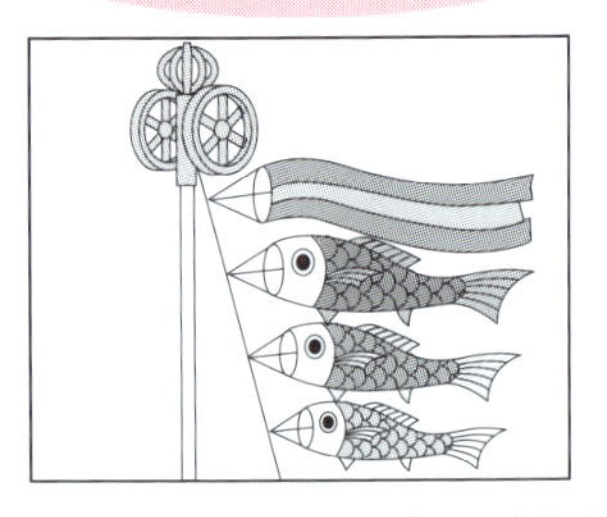

連休前にリスク回避の売りが出やすい。5～6月はヘッジファンドの解約による売りが出やすい

お盆は株価が下落する

世界的にバカンスをとる人が多いために、リスク回避の売りが出やすい

★アノマリーで株を選ぶ

株価は主に企業業績で形成され、地勢リスクや経済情勢など、外部要因にも影響を受ける。

しかし、時に人の思惑に左右され、癖や習慣のようなパターンを形成し、**合理的に説明のつかない値動き**をすることがある。そこに目を付けたのが「アノマリー投資法」と呼ばれるものだ。

アノマリーとは、**例外・異例**の意味をもつ。例えば、日米には「5月は株が下がる」というアノマリーが存在している。そして、2013年5月23日、日経平均は、終値で前日比マイナス1143円の理由なき大暴落を起こした。

ハッキリした原因は不明だが、アベノミクスで大量の買い残高を積み上げた直後の出来事であり、アノマリーが需給解消の引き金を引いたと言える。

100年以上続く株取引の歴史上には、

★POINT★

人々の動きをよく観察すれば、値上がりする株が見えてくる。

相場を盛り上げ、牽引するテーマ株

テーマの発見は、新聞・テレビ・日常生活から

時代をいろどるテーマの数々

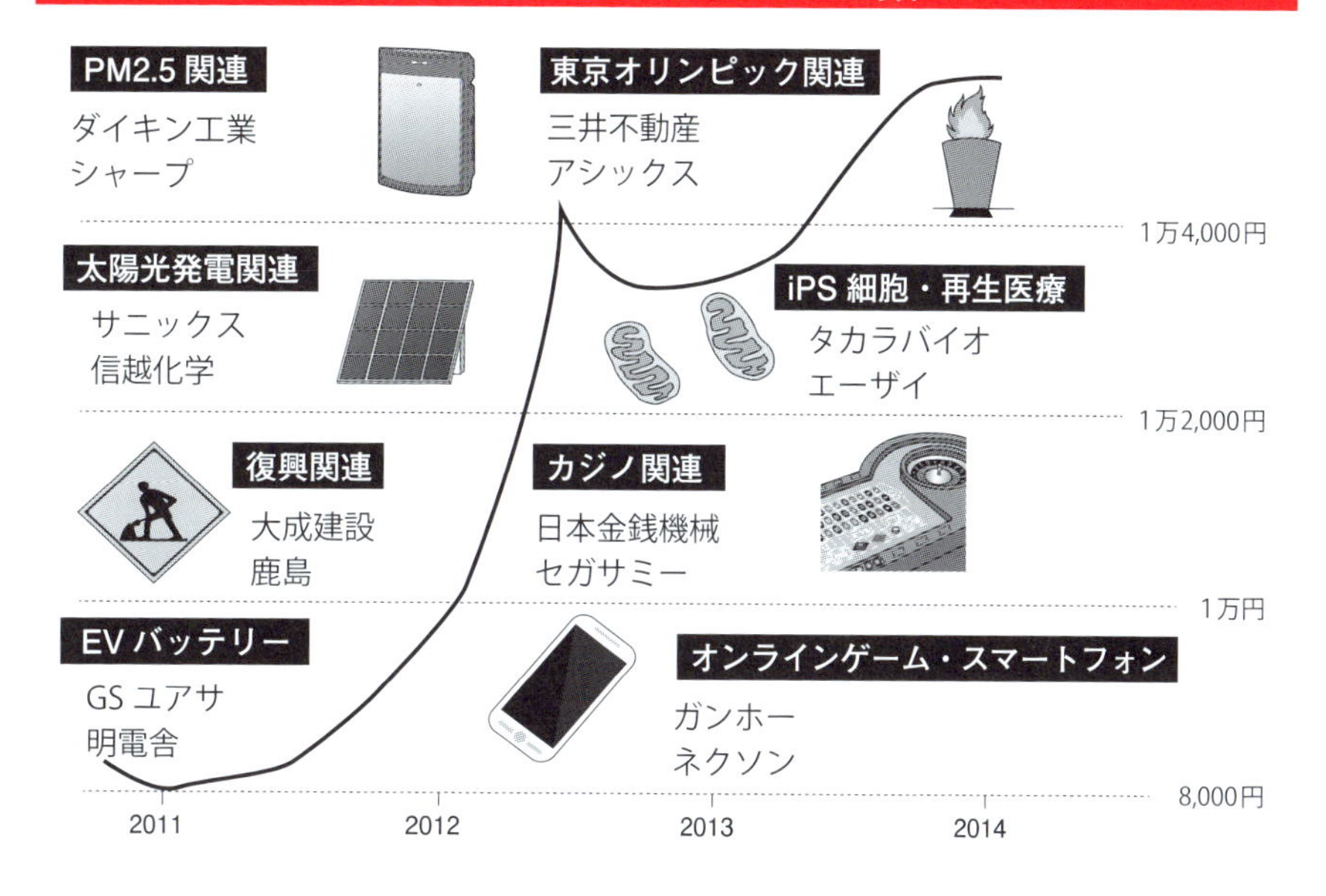

アノマリーと呼ばれるような迷信はたくさんあるが、実はその多くは合理的で、需給のメカニズムで理論づけることができる。

★時代のテーマ株を見つける

アノマリー投資は、人の習慣や経験則から導かれる不確実なもので投資判断をするものであった。

そして、テーマで株を見つけるというのは、**確定している根拠**（ブーム・流行）で投資判断をするものである。

テーマを見つけるには、少し情報に敏感でなければならない。ふだんの生活から、「これは注目される」というものを発見できれば一番良いのだが、やはり、新聞やテレビで見つけることが多いからだ。

テーマ株を買った場合、株が買われ続ける継続性を見極めるのが重要だ。一般的に、テーマの大きさによって、3〜6カ月程度で終わる場合が多い。

「Ｙａｈｏｏ！ファイナンス」等の「株価上昇率ランキング」の上位を数日間チェックすると、現在の市場で盛り上がっているテーマを見つけることができるはずだ。

いつ買えばいい？

★割安に株を買える方法を探る

株の買い時を判断するものさし

買い時を判断する **「投資尺度」**

配当利回り

予想ＰＥＲ（株価収益率）

ＥＰＳ（１株あたりの純利益）

会社の利益と株価の関係

予想ＰＥＲ（株価収益率）＝株価 ÷ 今期予想のＥＰＳ

20倍以上
↓
株価が
割高

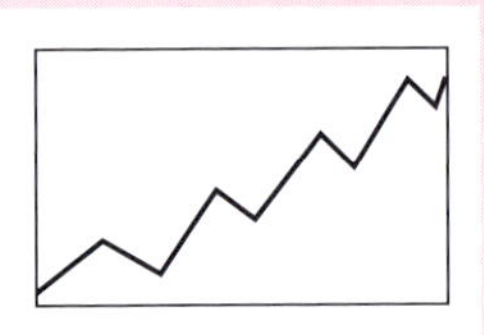

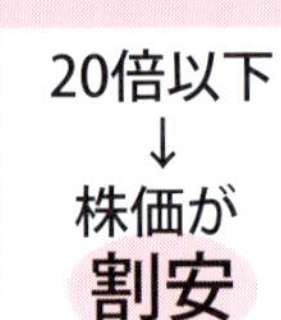

20倍以下
↓
株価が
割安

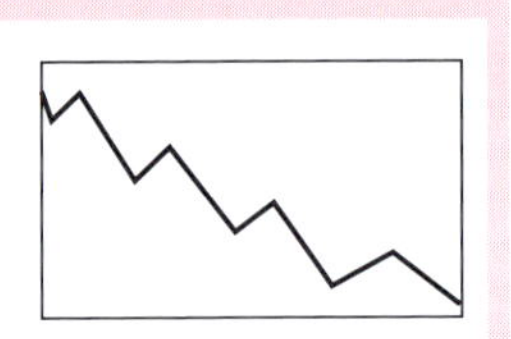

証券会社のホームページで検索すると…

パナソニック(6752)	株価1170円	前日比+44	
予想PER	28.16倍	予想EPS	40.8
実績PER	1.81倍	実績EPS	634.6
予想配当利回り	0.87倍	単元株数	100

投資尺度は株価とセットで調べられる

★もうひとつの投資尺度

優良銘柄を見つけたら、次に考えるのは**「いつ買ったらよいのか？」**ということだ。

株は時間が経てば、基本的には高くなる。事業を拡大するために上場して、世界中から投資金を募って、業績が伸びないわけがない。そして、上場企業という名の誇りが、経営者を駆り立てるのだ。その企業努力が、今の株価にどう反映されているかを、割安・割高で判断する必要がある。

それには**「投資尺度」**を使う。

これまで見てきた中で、投資尺度に使えるのは、「配当利回り」「ＥＰＳ（１株あたりの純利益）」である。

ＥＰＳは、同業種で収益力が高い銘柄の選別ができて、前期と今期予想のＥＰＳの伸びで、株価上昇の期待度が分かった。しかし、今の株価が割安・割高なのかを、リアルタイムな数字で確認することはできな

★POINT★

３つの投資尺度を使えば株価の割安感がわかり、買い時を見極められる。

予想ＰＥＲの活用方法

20倍前後が判断の基準

リアルタイムに株価が割高か・割安かを判断できる

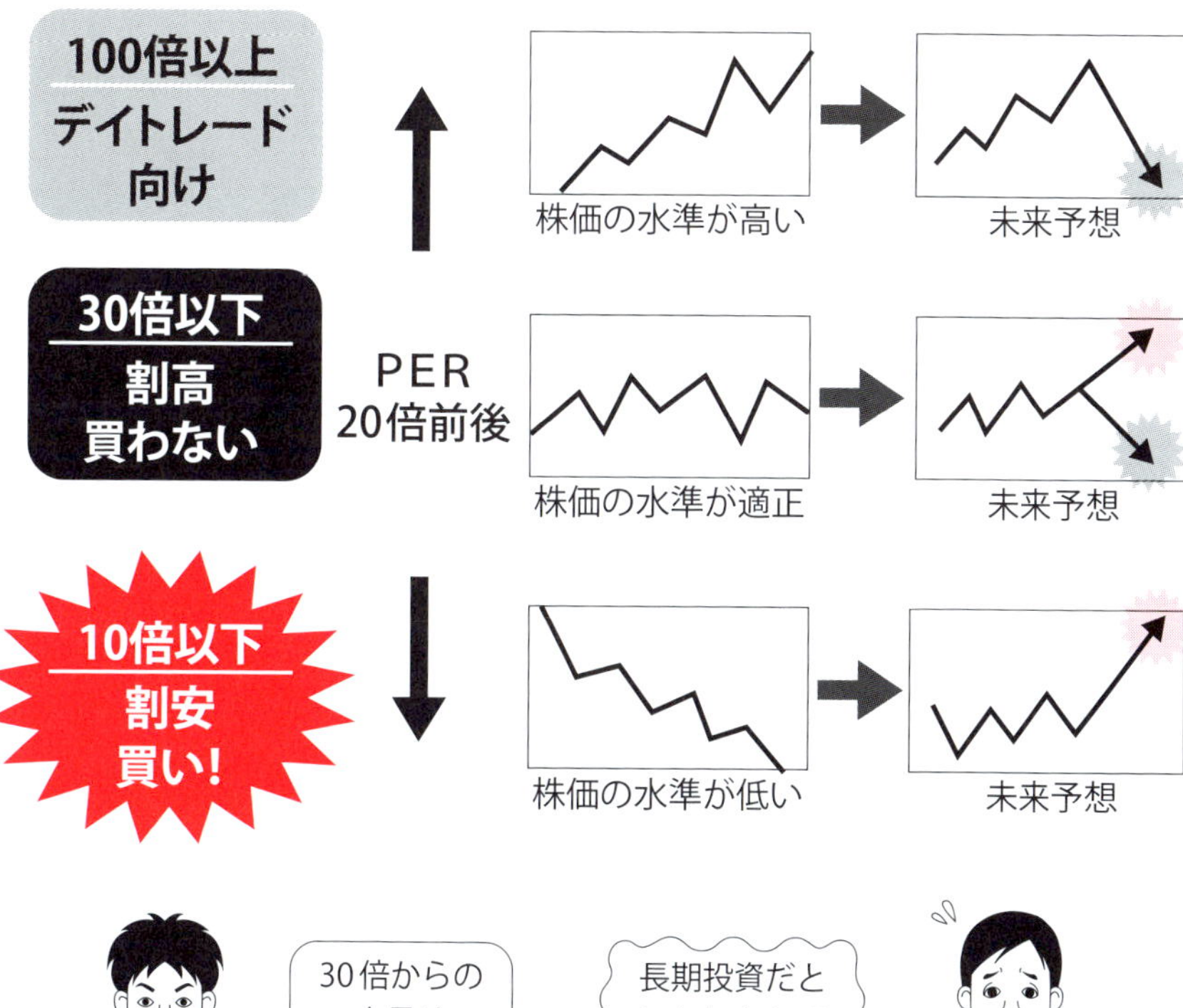

い。

そこで、もう一つ紹介するのが、**「予想PER（株価収益率）」**と呼ばれるものだ。

予想PERは会社の利益と株価の関係を表す。会社への期待が大きいと、分子の株価が高く、予想PERも高くなる。

予想PERの目安は10倍～20倍である。

図中の計算式を覚えなくても証券会社の株価情報で予想PERを確認できるが、毎日変動する株価をその都度EPSで割って、予想PERを自分で算出していけば、割高と割安がリアルタイムに判断できると覚えておこう。

基本的に予想PERは、**10倍以下を割安＝買い、30倍以上を割高＝買わない**と判断する。

もし30倍以上の銘柄を買う場合は、短期・中期の投資スタイルにすることだ。

予想PERが高い理由は、会社が稼ぐ利益に対しては、株価が上昇し過ぎという理由しかない。よって、PER100倍以上の銘柄については下落リスクを考慮してデイトレード向けとなるだろう。

なお、ここでの割安・割高という目安は一般的な基準に私の個人的な考えを付け加えたに過ぎない。同業種の銘柄と比べて割安・割高を感覚的に掴むとよいだろう。

やっぱり優良企業が安全？

★安定を望むか、変化を望むか

優良企業とはどんな企業？

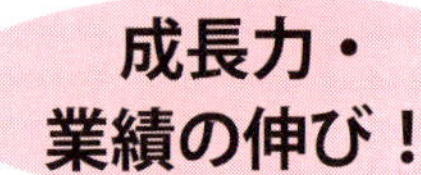

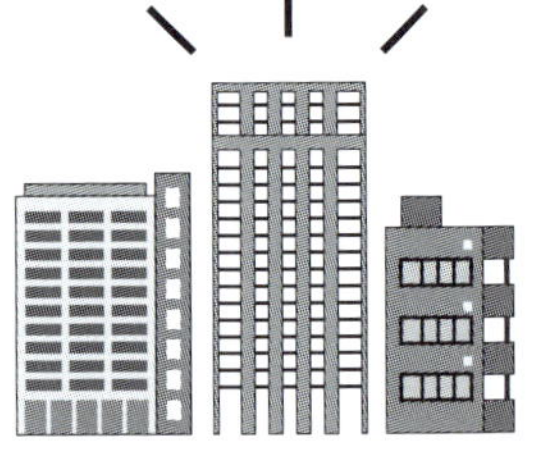

高い利益率
&
EPSが高い！

株主重視・
配当金・優待・
自社株買い！

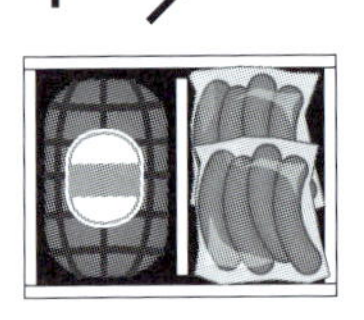

自社株買いとは…

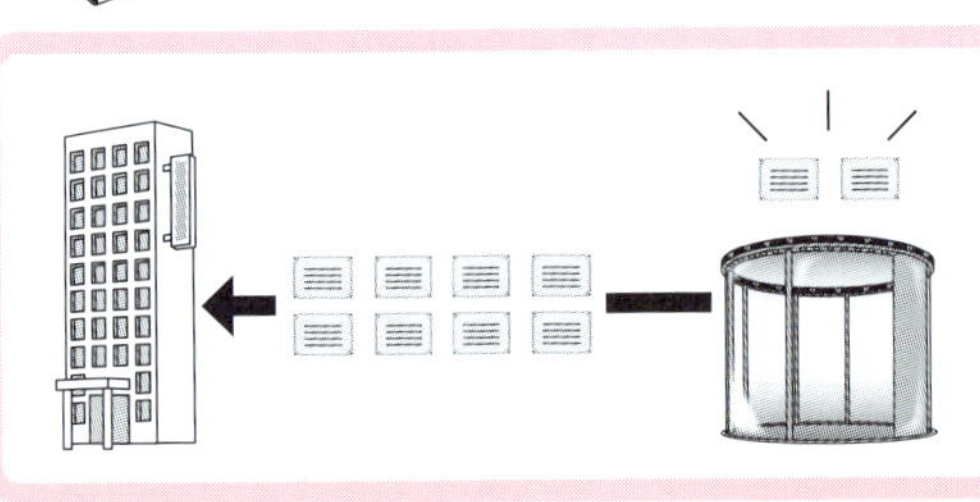

自社の株を買い取って発行済株式数を減らすこと。
１株の価値を高める。

★投資スタンスを考える

上場している会社の中には**エリート**と呼ばれる存在がある。

私はそこまで大きな会社に勤めたことはない。だが市場のニュースでは何かと名前が出てくるし、市場という舞台の主役として憧れのような存在である。

しかし、**人には好みがある**。ダメ男を立ち直らせるのが未来への投資だと思う優しい女性がいるように、不良企業を応援する投資家もいるのだ。

★不良企業とは？

不良企業というのがどんな企業かというと、「**赤字続き**で先が見えない」という言葉があてはまる。

リスクとリターンを天秤にかけると、まず倒産するリスクがある。しかし、すでに株価は安いから、たとえ倒産して投資額が

★POINT★

優良企業は安定していて安全。しかし不良企業も飛躍の可能性を秘めている。

安定を望むか、変化を望むか

優良企業への投資スタンス

不良企業への投資スタンス

返ってこなくても大した金額ではない、と考える人もいる。そして、もし不良企業が立ち直ったら、リターンはかなり大きいはずだ。

★優良企業とは？

一方、優良企業とは、**業界トップ・高い利益率・成長力・株主重視**の諸条件をクリアした銘柄のことだ。俗に知られている大企業が当てはまるだろう。

株主重視とは、株主を大切にすることである。株主へのアピールがうまく、企業のホームページにて、社長のインタビュー動画など積極的な経営姿勢を目にすることができる。

配当金を狙うような長期投資は、業績が安定している優良企業に絞って投資すべきだ。

理由としては、多少経済が傾いても、そう簡単には倒産しないという安心感と、もう一つある。優良企業＝主力銘柄は、市場で常に取引されているということだ。

上場企業の中には、1日の出来高がゼロの銘柄もある。そうなると、急に資金が必要で、株を現金に換えたい時に、いざ売ろうとしても売れないのだ。

★資産と株価の関係を見ると分かる
割安株の探し方

割安株を探すためのものさし

「ＰＢＲ」とは…

会社の「純資産」と株価の関係をあらわすもの

ＰＢＲ=株価÷１株あたりの純資産
（純資産を発行済株式数で割ったもの）

ＰＢＲ１倍以下→株価は割安・下値のめど

もしＰＢＲが１倍以下だったら

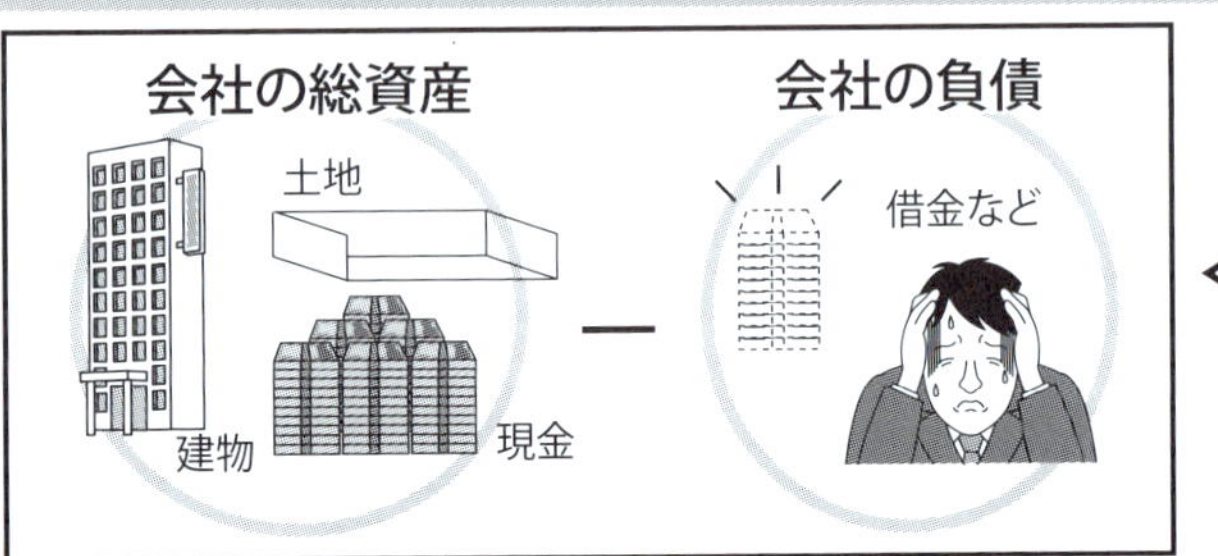

株価が割安に放置されている状態

株価の下落リスクを抑える効果がある

★会社の価値をあらわす「ＰＢＲ」という数字

会社の価値は、現金や土地などの資産、事業分野の成長性、将来にわたって産み出される利益など、一言では言い表せない。だが、それらすべては株価に織り込まれている。

会社の価値＝株価形成の概念は「予想ＰＥＲ（株価収益率）」＋「ＰＢＲ（株価純資産倍率）」で表される。

予想ＰＥＲは、会社の利益と株価の関係を表し、標準的な値は20倍前後であった。

ＰＢＲとは、会社の「純資産」と株価の関係を表し、今の株価が、１株あたりの純資産の何倍になっているかを表す指標である。

ＰＢＲ１倍が株価＝１株あたりの純資産となり、１倍以下だと割安とされる。

１株あたりの純資産とは、会社の純資産を発行済株式数で割ったものである。これ

★POINT★

会社がどれだけの純資産を持っているかを知れば、株価の割安感がわかる。

株価形成の概念

株価形成 ＝ **PBR** 株価と純資産の関係 ＋ **予想PER** 株価と予想利益の関係

ネット証券のツールで探す

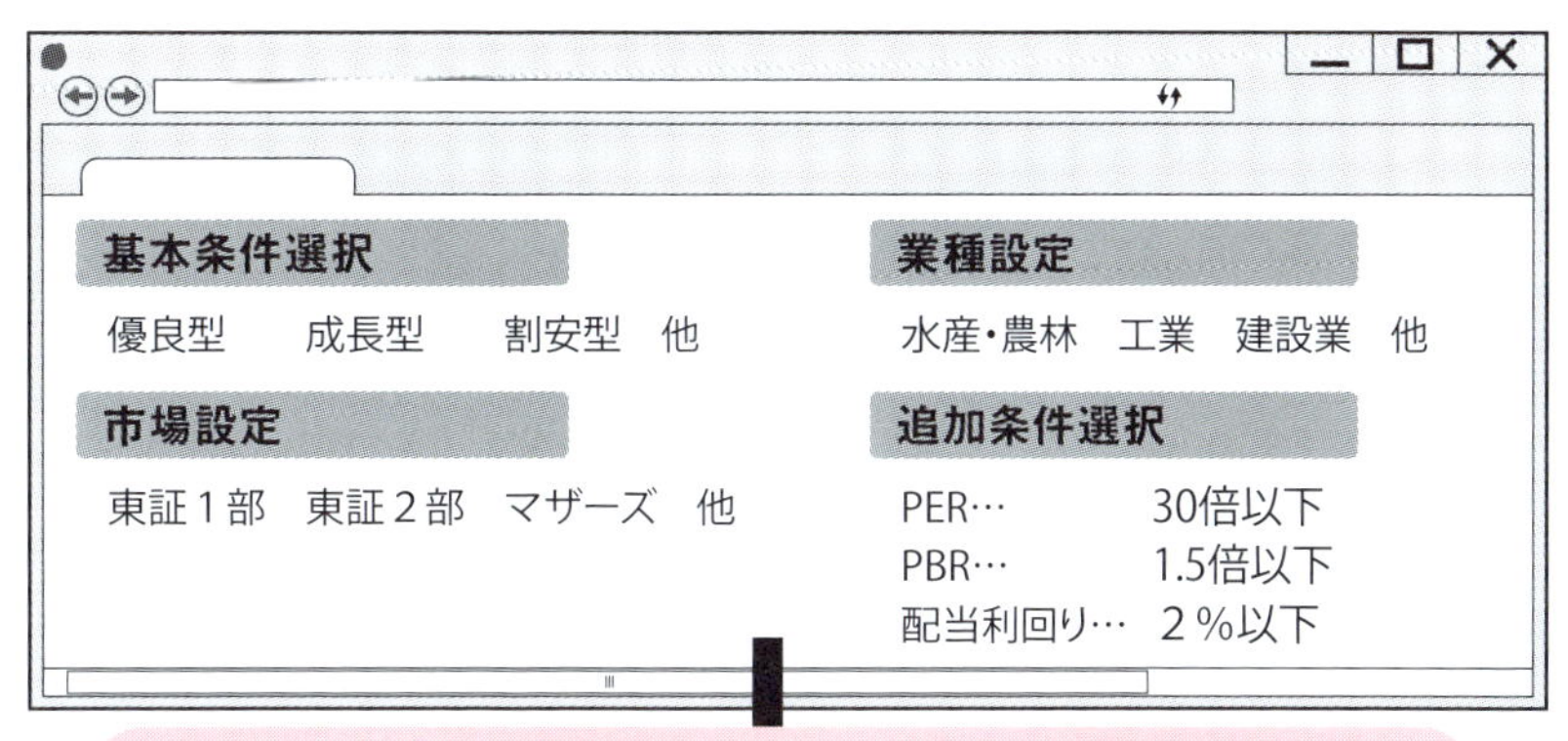

さまざまな条件で**スクリーニングして銘柄抽出**

No.	コード	会社名	PER	PBR	配当利回り
1	1928	積水ハウス	12.0	1.15	3.15
2	1979	大気社	15.4	0.98	2.25

投資尺度の適正値がわかる

も計算式を覚えなくても株価情報に記載されている。

★PBRで割安銘柄を探せる

PBRが1倍以下ならば、会社が持っている純資産より発行済株式の総額の方が安いので、会社が廃業しても純資産を分配すればお金が返ってくるはずだ。

つまり、担保がある会社へなら投資しても安全という判断ができることになる。

PBRが1倍以上の場合は、会社の実態以上に株価が上がっていると予想されるが、目安がないので、判断は難しい。PBRは、**割安銘柄を探すための投資尺度**として使うべきだ。

そして、1倍以下の銘柄は株価の下値めどにもなる。例えば0・8倍なら、原価100円の物を80円で売っていることになるからだ。

しかし、割安で放置されている期間が長い株式は、不人気であることもその要因の一つなので、割安株を買ってすぐPBR1倍以上に株価が上昇するわけではないと覚えておこう。

危ない会社の見分け方

★負債が多い会社には要注意

「純資産比率」を見れば分かる

「純資産比率」とは…

資産と負債の割合をあらわすもの

純資産比率（自己資本比率）＝純資産（総資産－負債）÷総資産

20%以下	30〜40%	50%以上
危ない会社	倒産しにくい会社	理想的な会社

純資産（自己資本）20%　負債　80%

こうなると…

銀行も融資を控える

倒産する可能性が高い

★念には念を入れよう

決算短信で業績の良い会社を調べていれば、危ない会社に遭遇することはないはずだ。

しかし念には念を入れて、ここでは会社の**純資産と負債の割合をチェック**することで、危ない会社を避ける方法を紹介する。何故なら、会社が倒産した理由のすべてが、借金で身動きが取れなくなったことにあるからだ。

★「資産度比率」を見る

上場企業は約３４００銘柄あるため、流動比率や剰余金の割合などを、専門書片手に個々の業績を細かくチェックすることは不可能に近い。

また刻々と変化する市場にも対応しなければならないため、この一点に気力を消費しても時間対効果は低い。

★POINT★

会社の借金額には要注意。ただし少なすぎても成長力が感じられないので考えもの。

純資産比率の考え方

資産と負債の割合から会社の健全性が判断できる

純資産比率がもともと低い業種もある

銀行業　10%以下

客の預金が借金となり、そのお金を運用しているため

不動産業　15%前後

土地を借金で購入してから開発をするため

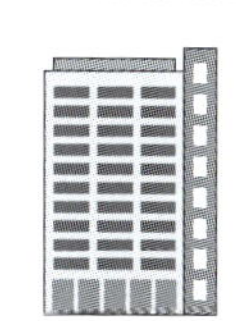

鉄道業　20%以下

常に設備投資が必要なため

純資産比率が高すぎるのも問題？

トヨタ自動車　35%

借金は多いが、借金をしてでも成長しようとする意欲がある

値動きは荒いが大化けするかも?

NTT　42%

借金は少ないが、株価の大きな上昇は期待しにくい

底堅い値動きをする

そこで投資家は、できるだけ簡単に危ない会社を見抜く必要が出てくる。

純資産と負債の割合は、財務データの**「純資産比率（自己資本比率）」**で分かる。

これは、決算短信の1ページめや、証券会社の企業情報ページに記載されている指標だ。

総資産は「純資産＋負債」で、この純資産の割合が20％以下で、売上も減っているような会社は危険と判断できる。純資産比率が20％以下では危険ということである。

しかし、会社が貯金ばかりして、そのお金で新たな利益を産み出さないのは困るという考えもある。そのため、**健全な会社の純資産比率は、30％～60％ほど**と言える。

そして、他の投資尺度と同じく、業種間で適正な水準がある。

例えば、不動産業は、土地を借金で購入してから開発をするので、純資産比率は15％前後と低い。

また、銀行業は、客の預金が借金となり、そのお金を運用しているので、10％以下となっている。

鉄道業も設備投資の関係で低い。そのため、目安として不動産・銀行・鉄道を除けば、純資産比率20％以下は投資不適格となる。

株を買うにはいくら必要？

★実際に経験することで分かることは多い

お金があっても株を買えないことがある？

株は「売買単位（単元株数）」の整数倍ずつでしか買えない

パナソニック　株価 1170円

予想ＰＥＲ	28.16倍	予想ＥＰＳ	40.8
実績ＰＥＲ	1.81倍	実績ＥＰＳ	634.6
予想配当利回り	0.87倍	**単元株数**	**100**

最低購入代金は
1,170円 ×100株

11万 7,000円

1,170円の株を10株、
1万1,700円で買いたいんだけど…

100株単位なので、
最低購入代金は11万 7,000円ですね

主な売買単位は現在６種類

この３つが主に利用されている

1株単位　10株単位　50株単位　**100株単位**　500株単位　**1,000株単位**

★売買単位に要注意

このページの見出しを見て、「５００円で取引されているものは５００円だろう？おかしな項目をつくるな」と思った人もいるかもしれない。

確かに、株価が５００円の新華ＨＤは５００円で買える。しかし、同じく株価５００円の日産自動車は、５万円を口座に入金しないと買えないのである。

これは、会社が指定する**「売買単位（単元株数）」**があるためだ。

新華ＨＤは、１株の整数倍ずつ買えて、２株買うには１０００円必要になる。しかし、日産自動車は１００株の整数倍ずつでしか買えない。１００株の次は２００株になるのだ。これを最初に確認しないと、いくら良い銘柄を見つけても、資金量によっては買えない場合が出てくる。

売買単位は、証券会社の株価情報ページや発注画面で確認できる。株数と必要投資

★POINT★

株は1株だけでは買えない。売買単位を確認してから買い注文を出そう。

買い注文の出しかた

①売買単位を確認する

②買いたい枚数を入力

③指値・成行を選択

④買いたい価格を入力

⑤入力した注文を確認

注文入力（現物買）	
トヨタ自動車（7203）	
現在値	5,940 ↓　C
前日比	-120（-1.98%）
始値	6,110
高値	6,140
安値	5,940
前日終値	6,060
出来高	14,790,000
売買代金	88,906,251（千円）
制限値幅	4,940 ～ 6,940
売買単位	100

売気配株数	気配値成行	買気配株数
47,000	6,030	
39,000	6,020	
78,800	6,010	
78,600	6,000	
87,800	5,990	
50,600	5,980	
45,300	5,970	
15,200	5,960	
	5,940	20,600
	5,930	75,800
	5,920	92,000
	5,910	127,700
	5,900	192,700
	5,890	35,200
	5,880	26,500
	5,870	5,400

枚数：［　　　］株　　市場：東証

価格：◉ 指値　条件なし ⌵　［　　　］円

　　　○ 成行　条件なし ⌵

期間：◉ 当日中　○ 期間指定　［注文確認画面へ］

指値・成行の違い

指値（価格を指定する注文）

売気配	価格	買気配
20	202	
10	201	
15	200	
	199	11
	198	12
	197	10

199円指値なら11枚の後に並んで買える

200円指値なら15枚買える

成行（価格を指定せず上値を買う注文）

売気配	価格	買気配
20	202	
10	201	
15	200	
	199	11
	198	12
	197	10

25枚成行注文
↓
200枚で15枚
201円で10枚
約定する

金額を確認してから発注する習慣をつけることが大切である。

★買い注文を出してみる

株の注文を出すには、銘柄コードで検索をして「発注画面」を表示させることから始まる。

発注画面には売りと買いの注文枚数の状況がわかる「板」や前日比・高値・安値などの株価情報が表示されている。

注文を出すには、株の枚数と値段を入力し、**「指値」**か**「成行」**を選択して発注、という手順になる。

一度、指値で現在値より安い値段で注文を出してみよう。注文を出したら「板」の値段に自分の注文（枚数）が並んでいるか確認する。そして、「注文照会」ページにはまだ約定していない自分の注文があるはずだ。すぐに買いたい場合は、板を確認して売り気配枚数の一番安い値段へ指値変更すればよい。

そして、成行とは、いくらでもよいから買うという注文だ。成行へ変更した場合、売りに並んでいる枚数が少ないと、もう一つ上の値段に並んでいる枚数も買うことになるので注意が必要だ。

●ミニコラム●

買った株は管理が大事！

★投資を続けるための注意点

買った株の管理は、口座上の「建玉照会」ページや、お気に入りリストで行う。それと並行して株価のチェックをすることになるが、これは誰もが得意とするところだろう。

ただし株価チェックには注意が必要だ。一度株を買うと、取引時間中に電車の中、会社などで、必要以上に株の値動きやニュースをチェックする人が出てくる。

確かに、自分が持っている株の価値が上がっていくのを見るのは楽しい。しかし、日中の値動きを監視するのはデイトレーダーの仕事で、それ以外はの人は終値をチェックするだけでよい。**損益の基準は終値であると**覚えておこう。

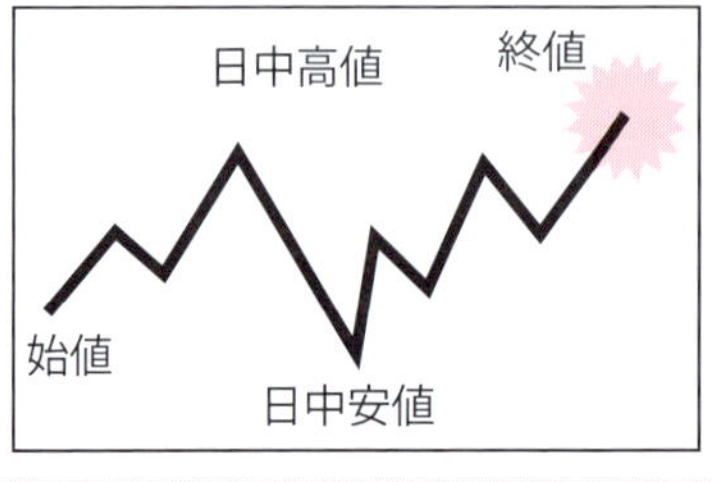

株価評価の基準 = 終値

また、株の買いすぎなどで許容リスクを越えてしまうことで生まれる、株価下落への不安もある。数日の値動きで多額の評価損を抱えてしまうと、投資を学ぶ段階で「株は怖い」と結論づけることになってしまう。

そうならないために、**余裕資金の半分以下**で投資を続けるように心がけてほしい。お金の管理は、株の管理より大切なのだ。

3章

株って
どんな世界なの？

What is a stock?
株ってどんな世界なの？ 1

株式市場はどんな場所？

★流通市場はグローバル

日本には株の取引所が４つある

二大証券取引所

福岡証券取引所	東京証券取引所	名古屋証券取引所	札幌証券取引所
Q-Board	マザーズ JASDAQ	セントレックス	アンビシャス

新興市場

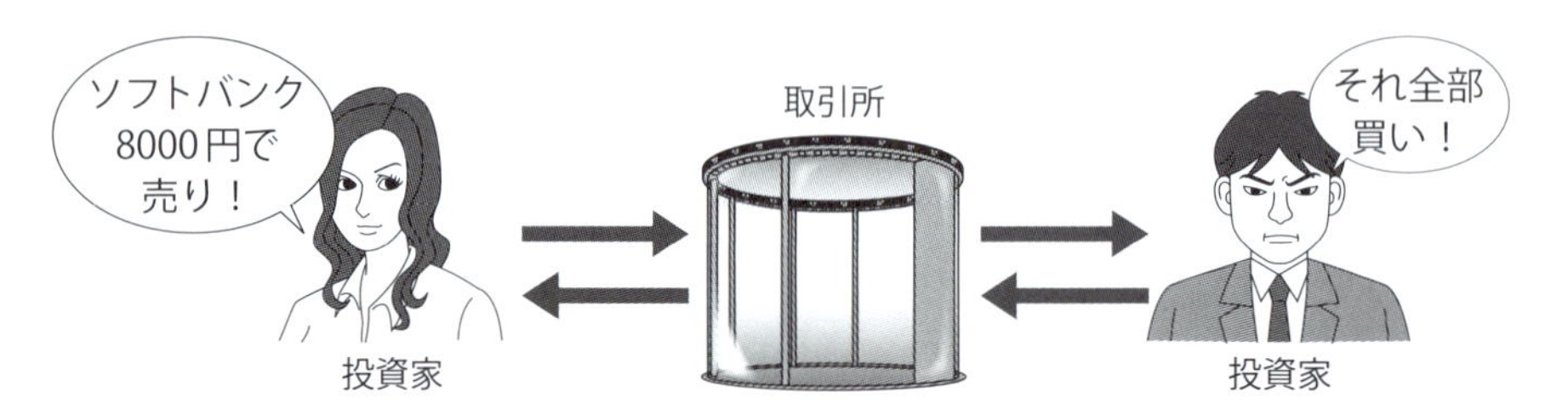

世界の証券取引所トップ３

順位		取引所	時価総額	世界シェア
1位	🇺🇸	ニューヨーク証券取引所	2050兆円	29.81%
2位	🇺🇸	NASDAQ	820兆円	13.07%
3位	🇯🇵	東京証券取引所	530兆円	7.66%

※WFE（国際取引所連合）の公開データをもとに作成（2017年）　※為替レート100円で換算

★株式市場の役割

世界の証券取引所ランキングの1位はニューヨーク証券取引所、2位はNASDAQ、そして3位に東京証券取引所（東証）である。時価総額、出来高、どれを比べてもこの順位になることが多い。

取引所の役割は、**「流通市場」**と呼ばれている。

流通市場とは、投資家の間で株が転々と流通される場のことである。取引所を利用して、株は投資家から投資家へ渡る。

ちなみに株式にはもう一つ、**「発行市場」**という市場がある。

これは、取引所を利用せずに投資家へ株が渡る場のことで、例えば証券会社は、上場する会社からの依頼を受けて、新規公開株（IPO）として買い手の募集を行う。

新規公開株は、個人投資家に人気が高く、ほとんどが抽選になる。

理由は、証券会社から株数限定の新規の

★POINT★

株式の市場は世界に開かれていて、各国の人が入り乱れて株を取引している。

国内市場にも外国人投資家が多い

銀行・保険・投資信託
長期投資を目指す

証券会社（自己売買部門）
短期的に相場を捉えて大きな流動性を生む

国内機関投資家
銀行・保険・投資信託

銀行・保険・投資信託
グローバル投資の一環で日本企業に投資

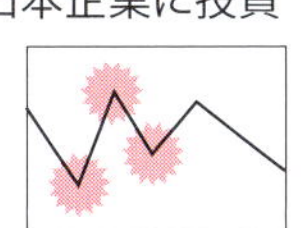

外国人投資家
銀行・保険・投資信託・個人投資家

個人投資家

安値を狙う逆張り投資が多い

やれるだけやってみよう

証券会社・ヘッジファンド
大きな資金で相場を一方向へ動かす

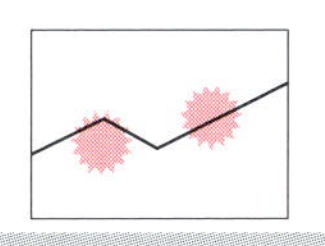

市場では外国人投資家の動向に注目

株を買うことで、上場初日の買い需要を狙う投資法があるからだ。抽選で買えたら、上場初日の朝、取引開始直後に売却するという、発行市場を活用した手法である。

★株式市場の参加者

東京証券取引所の売買シェアの5割以上が外国人で、「貯蓄より投資」という政府のキャッチフレーズにともない増えている日本の個人投資家は、外国人に次いで約4割のシェアとなっている。

個人投資家の利点は**自由である**ことである。当然ながら日本人は日本の情報をいち早く入手して、次の一手に反映できる。売買の制約は少なく、取引時間も自由だ。税金、取引手数料も安く、至れり尽くせりの一番有利な立場である。

そして、残り2割ほどのシェアが、銀行、保険会社、証券会社、ヘッジファンド、年金基金などの機関投資家である。

取引には必ず相手がいるものだ。自分が誰と株の取引をするのかはシステム上分からないようになっているが、顔が見えなくとも、市場にどんな人々が参加しているのか、自分の相手がどんな人物なのかは知っておいた方がいい。

取引所はどんなところ？

★変化し続ける取引所

東京証券取引所には一部と二部がある

東証二部	東証一部	マザーズ
約600社	約1,800社	約190社
株主数：800人以上	株主数：2,200人以上	株主数：200人以上
時価総額：20億円以上	時価総額：40億円以上	時価総額：10億円以上

上場のメリットとデメリット

メリット
資金調達の選択肢が増える

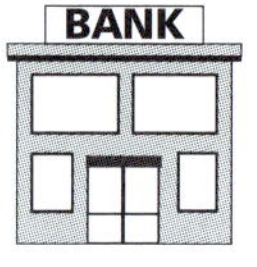

メリット
社会的信用力がアップする

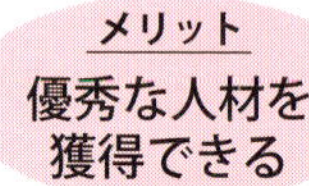

メリット
優秀な人材を獲得できる

デメリット
買収されるリスクがある

デメリット
株主の意見が増えて自由な経営ができない

もっと儲けろ
安全第一

★日本の中心は東京

　前項で見たように、株の取引所は東京以外にも名古屋、福岡、札幌にあり、それぞれにベンチャー向けの新興市場も用意されている。

　例えばトヨタは、東京だけでなく、発祥の地である名古屋にも上場している。これらの地方取引所には、地元密着型で将来有望な会社も多数上場しているのである。

　そうなると、銘柄の選別より先に、取引所をどこにするかを決める必要があるように見えるかもしれない。

　しかし、株を買う注文を出す際には、自動的に**「優先市場」**として、出来高のある取引所が選択されるので安心だ。

　一般的な株の売買は、証券会社を仲介して、東京証券取引所（東証）がメイン会場となる。

　東証の内部は、図のように**一部**、**二部**、**マザーズ**と分かれていて、東証一部は大

★POINT★

日本の取引所は東京を中心にして、時代に合わせて刻々と変化している。

取引所のグローバル対応

日本取引所グループの誕生

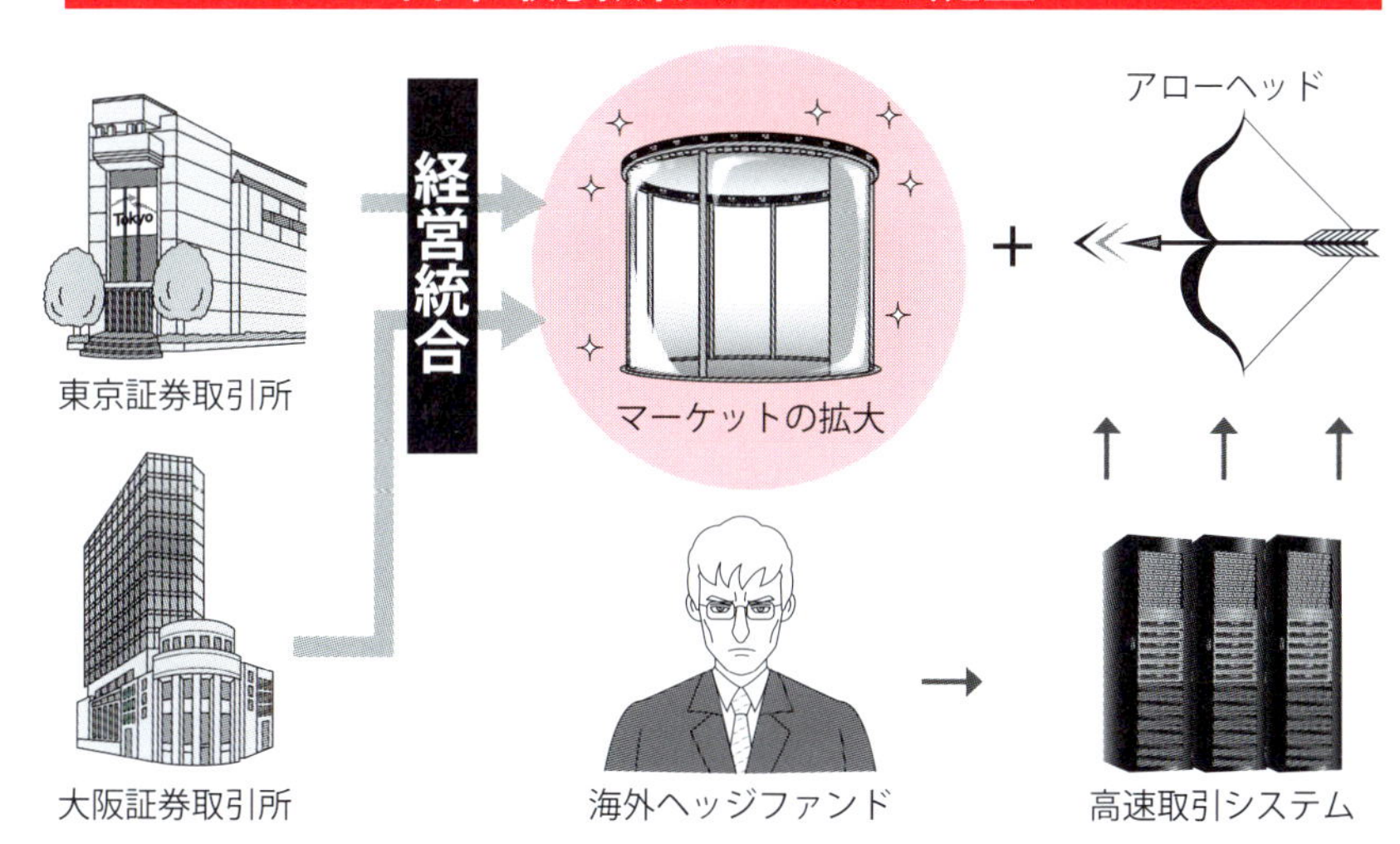

市場拡大と次世代システムで世界標準へ

次世代システム「アローヘッド」とは

発注から約定完了までが高速！

自動売買の負荷にも耐えられる

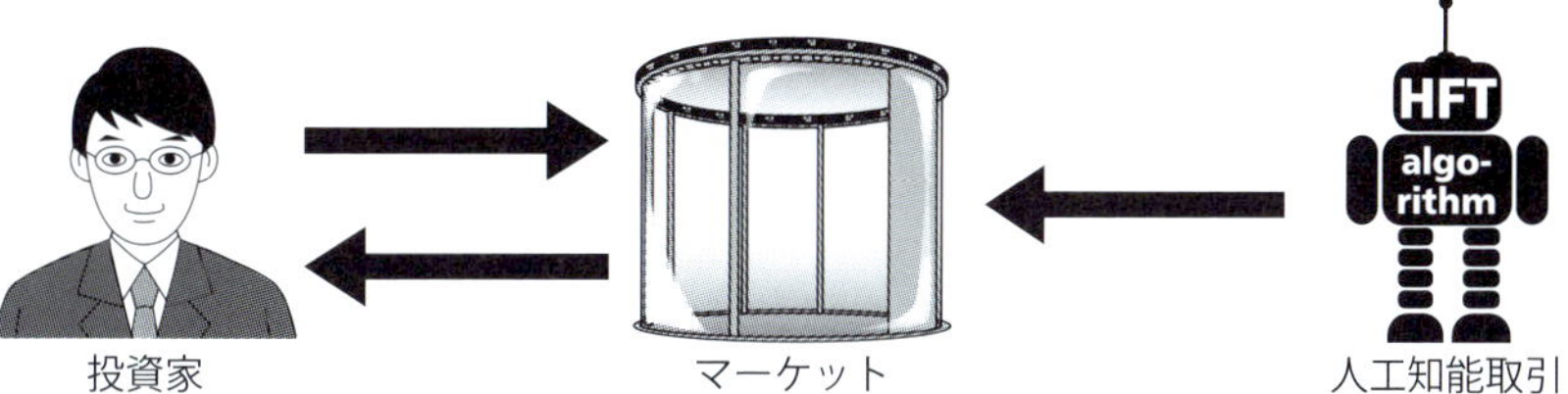

企業、マザーズは新興企業という大まかな枠組みがあり、どの市場も厳しい診査を通り抜けた企業だけが上場を許されている。

★取引所もグローバル化する

この数年、世界中の取引所に異変が起こっている。次々に取引所が合併して大きくなっているのである。

東京証券取引所も、大阪証券取引所の株式部門を吸収して**日本取引所グループ**を発足した。

これは資金の流れがグローバル化しているためだ。世界を流れる巨額の資金を受け入れるには、大きなマーケットが必要なのだ。

東証は、次世代高速システム「arrowhead（アローヘッド）」を導入した。これにより、株の注文を出して、取引が成立するまでにかかる時間が、今までの2秒から、マイクロ秒（100万の1秒）という体感すらできない速さに変わった。

新しいシステムには取引が集まる。規模と次世代システムの争いは今も続いているのだ。

日経平均・TOPIXとは？

★景気のバロメーターになる数字

日経平均株価とTOPIX

日経平均株価 日本経済新聞社が選んだ225銘柄の平均株価

選抜された225銘柄

現代の軸となる産業から
定期的に選定される

選抜

東証一部

上場企業数：約1800社

全社対象

TOPIX 1968年の時価総額を100として、現在の時価総額を東証が指数化したもの

全社対象

全銘柄を対象とした指数で、
より正確に相場動向を表している

★ポピュラーな指数

ビジネスニュースを観ていると、「本日の**日経平均株価**は、前日比○○円高の終値で○○円です」といったアナウンサーのセリフをよく耳にする。

「だから何だ？」と思っていたのが、若き日の私である。

日経平均株価とは、東証一部の代表に選ばれた**225銘柄**の平均株価指数である。

225銘柄に選ばれるのは、時代に合った銘柄、出来高が安定した銘柄などで、定期的に入れ替えが行われる。

たとえ225銘柄の中で数銘柄だけ大きく上昇して、平均株価を押し上げたとしても、「株が買われて堅調な相場であった」と、アナウンサーが原稿を読み上げるのである。

一方、**「TOPIX」**は、東証一部全体の銘柄を対象に算出する指数なので、TOPIXの上昇は相場全体の上昇を的確に表

★POINT★

代表的な指数は景気を映す。株式投資をする人もしない人も、把握しておこう。

日経平均株価の歴史

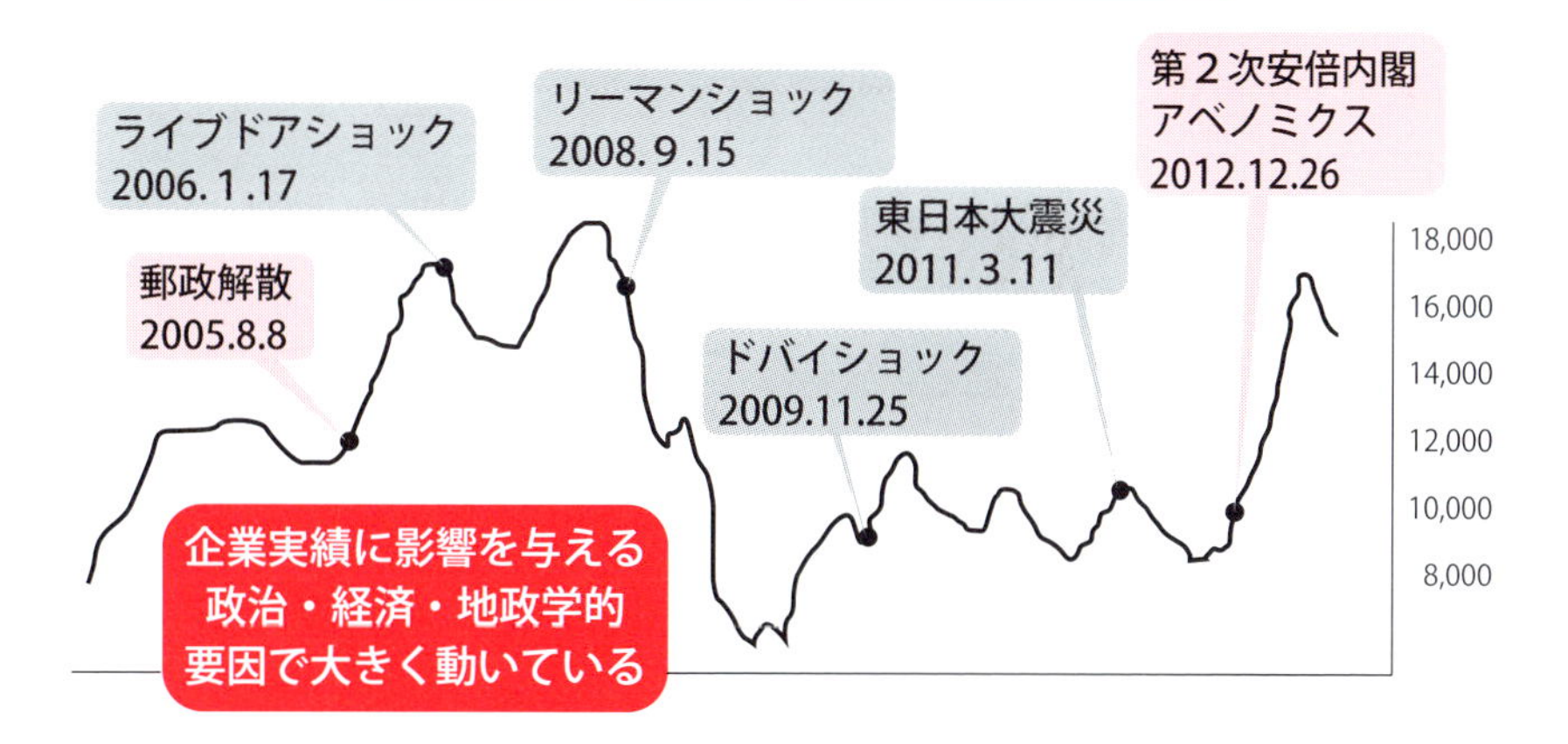

株価が高いとどんな影響がある？

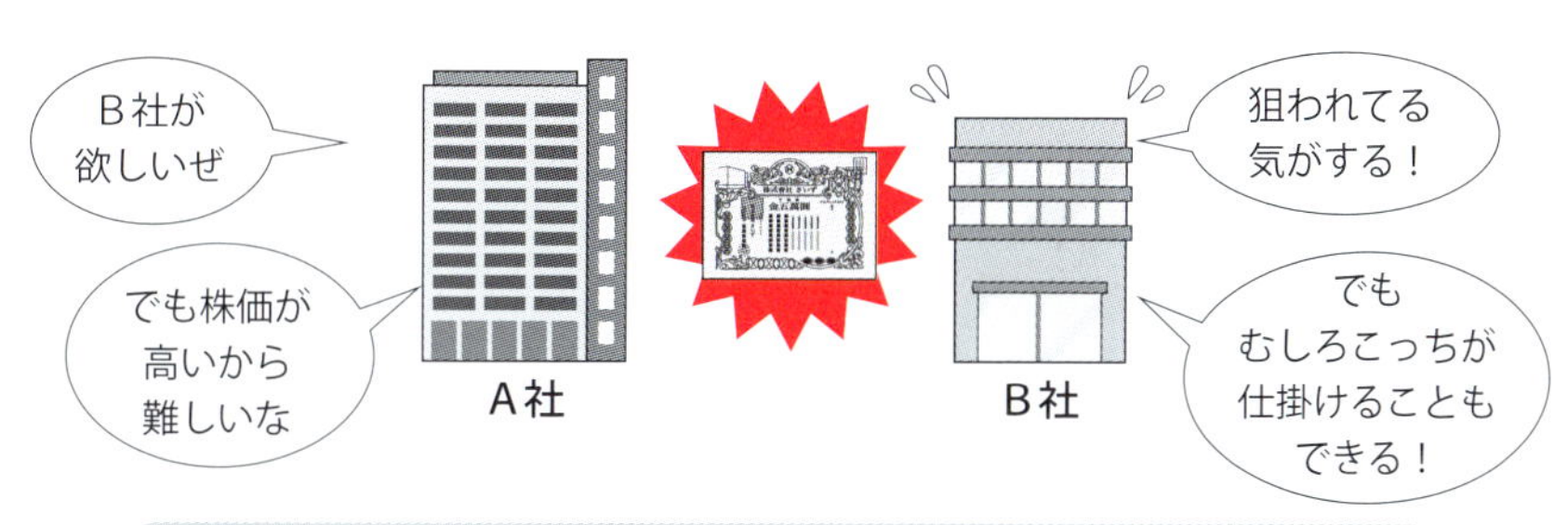

敵対的なＭ＆Ａ（買収・合併）の標的にされずにすむ

BANK
お金
貸しますよ

持株の担保価値が高まり、
銀行から大きなお金を融資してもらえる

している。

★指数にはどんな影響があるか

株価が上昇すれば、投資家のキャピタルゲイン（値上がり益）が期待できる。なので、投資家にとっては嬉しいニュースだ。

しかし、株を発行している会社側は、日経平均が上がって、株価が上昇しても、直接上昇した分のお金が会社へ入ってくるわけではない。

ではどんな影響があるのだろうか？

会社の株価が上昇すると、敵対的なＭ＆Ａ（買収・合併）の標的にされず、逆に、自社株との交換方式で買収する側になることができる。高い株で安い株の会社を買ってしまうのだ。

そして、持株の担保価値が高まり、銀行から大きなお金を融資してもらえる。

その他には、株価が上昇している限り会社のオーナーである株主が経営に口を挟むことも少なくなりそうである。

日経平均株価とＴＯＰＩＸは、**景気のバロメーター**でもあり、過去の値動きから、日本経済の浮き沈みを正確に反映している。

★先物でリスクヘッジ

日経225先物取引は効率的

先物とは何か

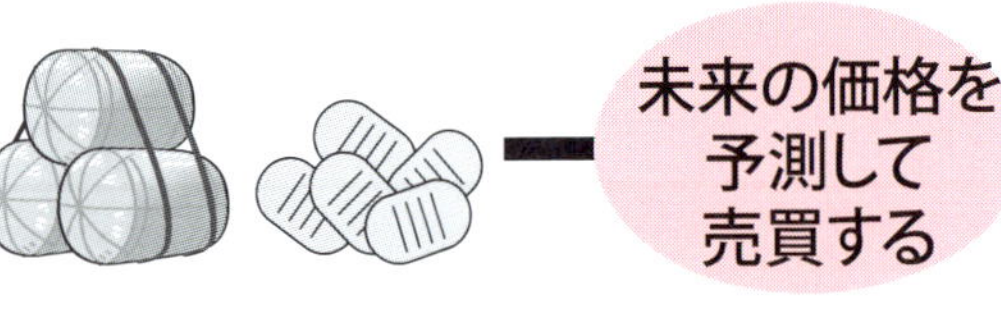

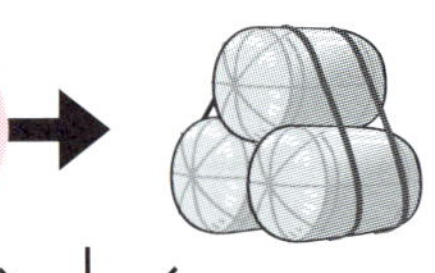
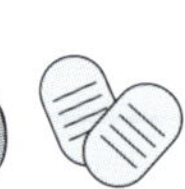

	現物取引	信用取引	先物取引
投資可能額	元手のみ	元手の2～3倍	元手の数十倍
利息		あり	なし
決済期日	いつでもOK	6ヵ月	限月

先物を使った株のリスクヘッジ取引

保有している株の下落 ➡ 日経225先物を「売建」 リスクヘッジ

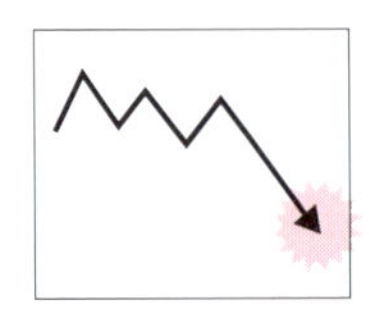
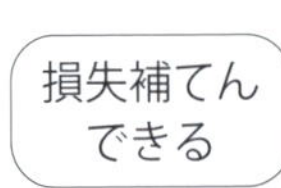

★先物はリスクヘッジの手段

先物取引の歴史は古く、1730年に大阪・堂島米会所の取引を江戸幕府が公認したのが起源とされている。

当時の経済は、米が中心で、例えば3カ月後に、米をこれだけいくらで買う、売る、という約束を結ぶ帳合米取引（帳簿上の売買）を行っていた。これが、先物取引である。

先物は、**「金融派生商品（デリバティブ）」**とも呼ばれている。3カ月後に売買する価格を、今決めて約束を結ぶ理由は、**リスクヘッジ**のためである。

3カ月後の米の価格が下落すると予想すれば、今の価格で3カ月後に買ってくれる人と、前もって契約しておいた方がよい。

この権利の売買が先物取引であり、日経225先物取引も同じなのだ。

対象を米ではなく、日経平均株価にしたのが**「日経225先物取引」**である。

★POINT★

先物取引はリスクヘッジのためのシステム。うまく使えば効率よく儲けられる。

日経225先物のルール

日経225先物取引は日経平均株価指数を売買する取引

この先
下落すると思えば
↓
売建

この先
上昇すると思えば
↓
買建

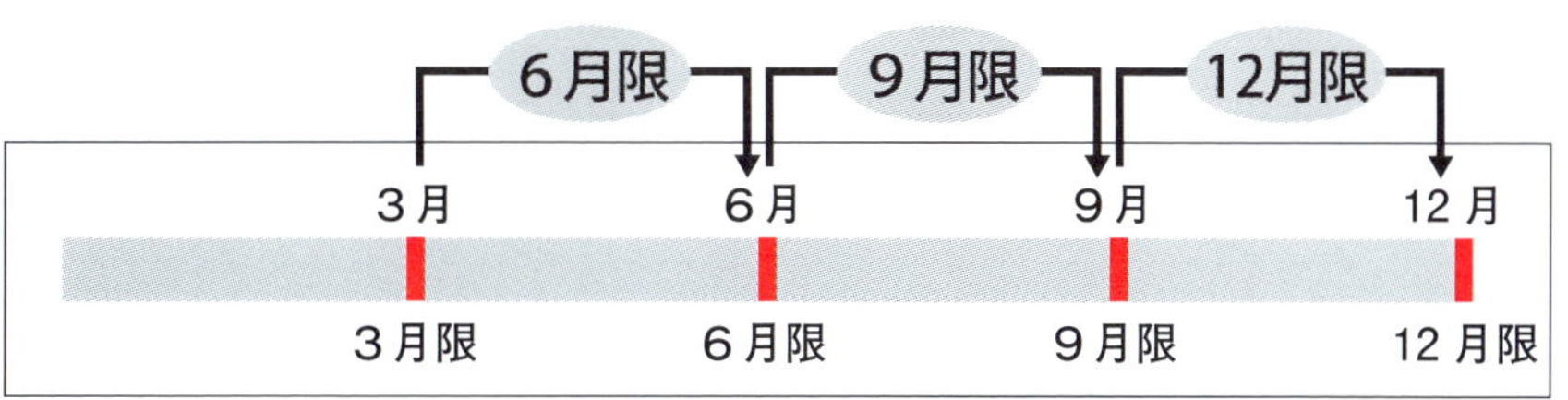

各月の第２金曜日（ＳＱ日）に決済される

例えば、株を保有している状態で、オリンピック開催地決定の前夜、「招致に失敗したら明日の株価は下落するな、嫌だなーー」と心配ならば、日経225先物の売りポジションを少し作っておけば安心だ。

日経平均が下落した場合も、株では損失が出るが、先物のポジションは利益になるからだ。

逆に日経平均が上昇したら、株では利益が出て、先物には損失が発生する。

このように、**先物取引の役割はリスクヘッジにある**のだ。

★相場全体の予想で効率よく稼げる

この先物取引の参加者にはデイトレーダーもたくさんいる。**相場全体の上下を予想して取引するのは、個別の銘柄を取引するより効率がいい**のだ。

相場全体が下落すると思えば、売りポジションを建て、好きな時に買い戻して利益確定、上昇すると思えば買いポジションをとって、上がったら利益確定をする取引となる。相場の下落で利益を狙える取引は、先物取引の他に、株の信用取引（20ページ参照）がある。

★株価の動きには理由がある

株価は未来を予測している

日経平均株価は景気の先行指数

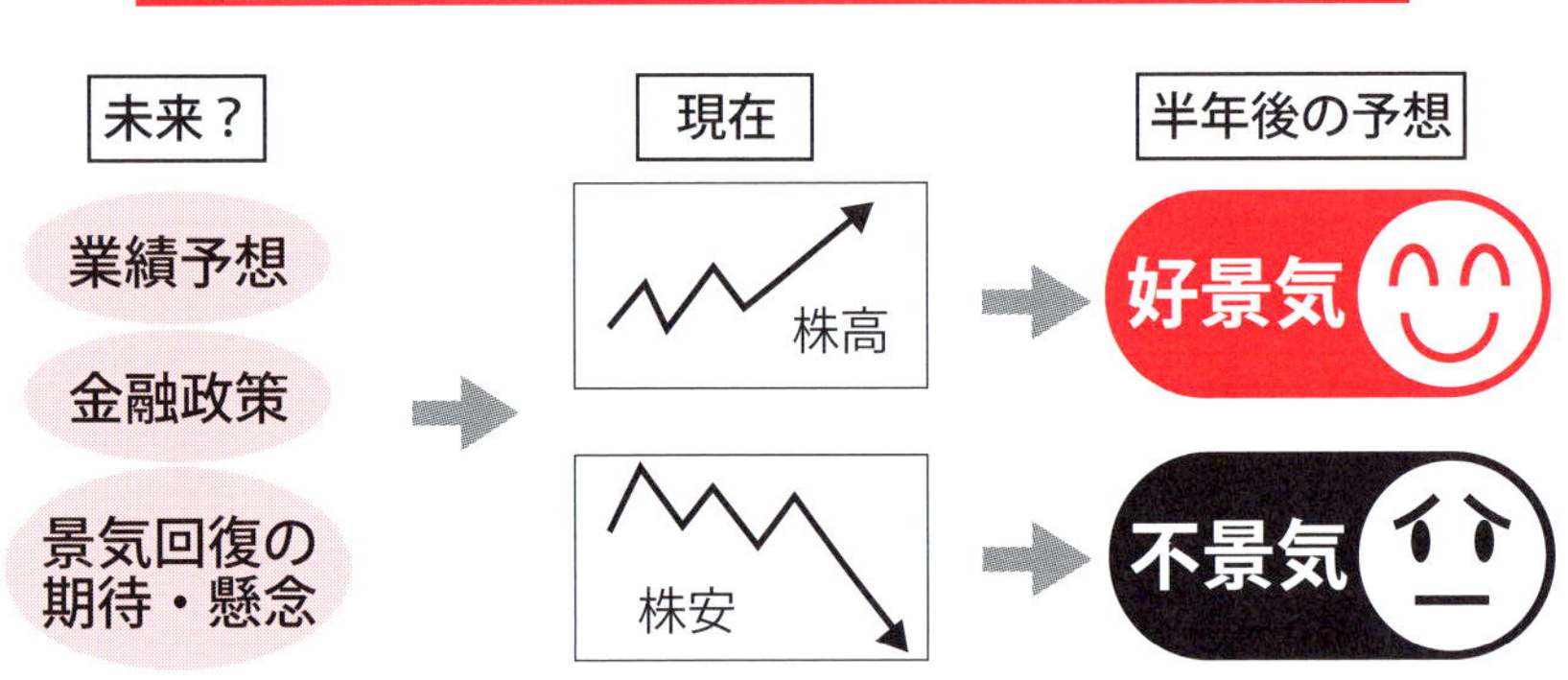

景気のサイクル

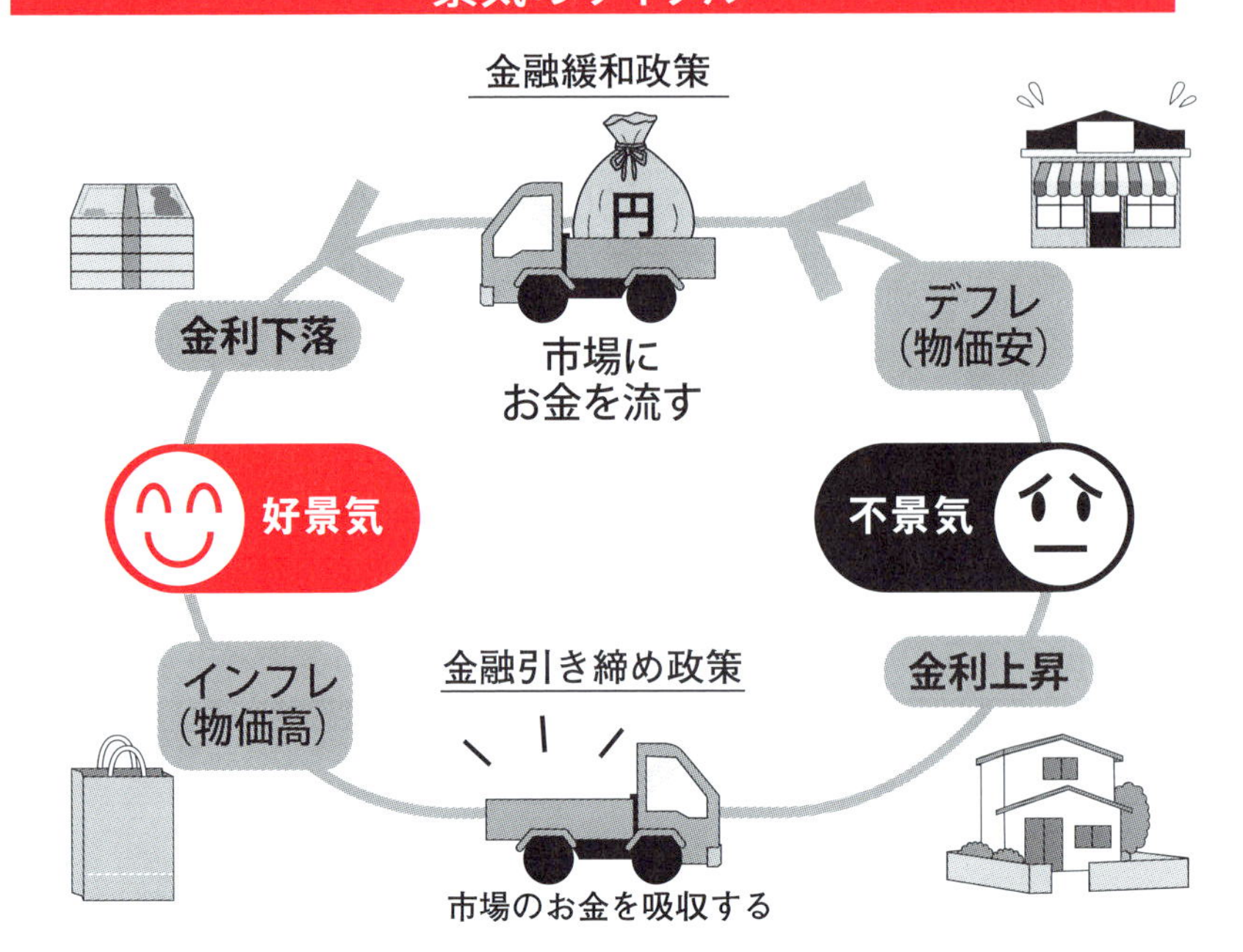

★景気の先行指数

株価は、よく**半年先の景気を表している**と言われる。しかし、そんなことが可能なのだろうか？

何を根拠に未来の景気を予測していると言われているのか、調べてみよう。

ニュースや電車広告に「不景気」の文字が躍る中で、政府と日銀が実施した政策は「金融緩和政策」である。

金融緩和には、私達の生活にお金を流すという意味合いがある。これが執行されると、金利は低下し、日銀が当座預金残高を増やすので、銀行の融資は拡大すると予想できる。ローンは組みやすくなるが、銀行に預金しても利息がつかないので、お金が消費や投資に向かい、企業の業績が回復するということだ。

企業業績が回復すれば、雇用を生んでまた景気が再浮上するという景気サイクルも想定できる。

★POINT★

株価を見れば少し先の未来が見えてくる。経済指標の数字に注目しよう！

世界の相場を動かす経済指標

ＧＤＰ（国内総生産）

3カ月ごと、8時50分発表

国内で生み出された財やサービスの利ザヤ（付加価値）の総額。ＧＤＰの伸び率が日本の経済成長に値する。

日銀短観（全国企業短期経済観測調査）

3カ月ごと、8時50分発表

第一線で活躍する企業経営者へのアンケート調査。日銀の金融政策の判断材料になる。

米国雇用統計

毎月、夏時間21時30分・冬時間22時30分発表

金融政策の判断材料となるため、世界の経済指標の中でもっとも注目される。

米国ＦＯＭＣ（連邦公開市場委員会）

年6回、夏時間27時15分・冬時間28時15分発表

ＦＲＢ（連邦準備制度理事会）による論議で、金融政策の重要事項が盛り込まれる。

この金融緩和政策のタイミングで株を買う人が増える。そうすると、景気の回復が追い付かないうちに株価が高くなるという**「不景気の株高」**と呼ばれる現象が起こる。

株価は、業績予想や政府の対策など常に未来を織り込む動きをする。そのために、株価は未来を予測し、**景気の先行指数**とも呼ばれているのだ。

金融緩和政策の反対に、「金融引き締め政策」がある。

私達の生活からお金を吸収する政策だ。前述した金融緩和でお金が余り過ぎると、不動産などへの過剰投資でバブルが発生する。お金を不動産や株・債権に換えれば担保価値を持つが、その担保の価値が弾けた時に大きな負債となってしまうのだ。

★経済指標に注意せよ

経済指標は、評論家の事前予想と公表結果とのギャップを計り、改善しているか悪化しているかの判断をするもので、**発表後に相場が動く**。

上図の経済指標の中で注意が必要なのが米国の指標だ。日本時間の夜間に発表されるため、短期トレーダーは発表前にポジションを作らないのが鉄則である。

株と為替の関係

★円安になると輸出産業の株価が上がる

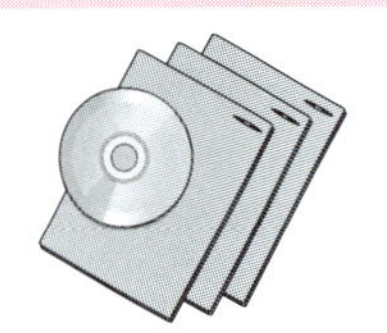

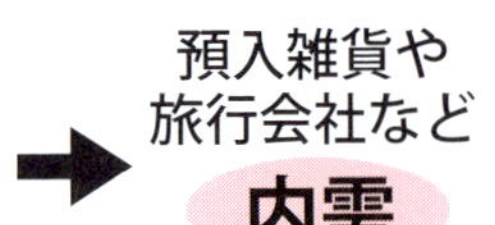

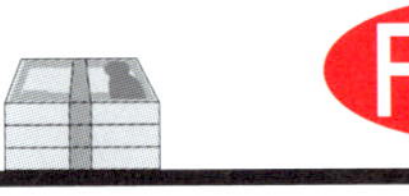
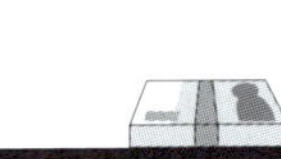

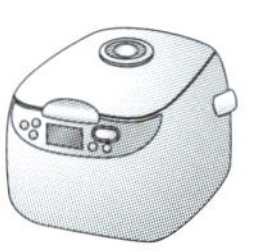

★韓国ブームを経済面で見てみる

2012年頃、少し古い話であるが、韓流スターが活躍の場を日本に広げて世間を賑わせたことを覚えているだろうか。それと時を同じくして高性能で安価な韓国製品が広まり、ふと私が使っているパソコンに目をやると、韓国製である。

何故急にブームが起こったのか。

韓流スターとパソコンを一つの商品として捉えると、韓国ウォンと日本円の関係が少なからず影響していることに気付く。

背景にあるのは、ウォン安、円高である。

日本は高い円を使って、安いウォンの韓国商品をたくさん買える。韓流スターは、日本で仕事をして円を獲得し、後にウォンに両替して大儲けなのだ。

日本は輸入、韓国は輸出の関係である。

結果的には、映像・音楽・パソコンの分野で、韓国にシェアを奪われたと言える。

★POINT★

グローバル世界での株価の動きは為替と強く連動している。

為替と株価の関係

		円高	円安
外需株	自動車・電機メーカーなど		
内需株	薬品・鉄道・小売など		
株式市場全体	日経225・TOPIX		

業績が同じでも為替によって
企業の業績評価は大きく変化する

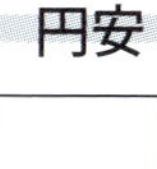

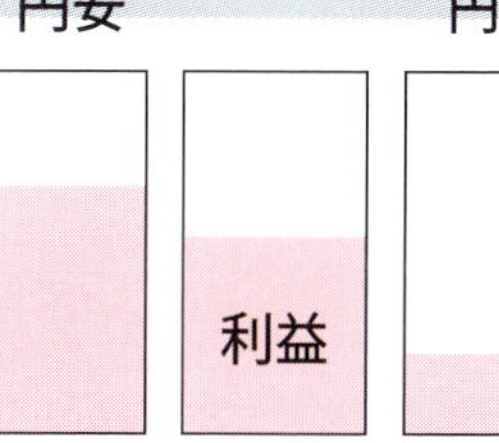

株式市場全体が円安を好感する理由

日本の基幹産業が輸出業に多い	輸出企業が多く上場している	成熟した国内需要では成長は見込めない

★株価は為替に大きく影響される

円高になると、日本製品は海外では高くて売れない。安く海外製品が買えるという良い面もあるが、日本の基幹産業は、化学製品・精密機械・自動車などの製造業、つまり**輸出産業**なのである。

iPhoneの50％は日本製の部品で作られている。石油などを持つ資源大国は部品など作らない。資源のない日本国は、**人と技術で生計をたてるしかない**のだ。

そのために、円高は厳しいという意見を、至る所で聞くことになるのだ。

例えば、キヤノンは1円の円高で、年間の営業利益をドルで100億円、ユーロで60億円ほど押し下げられる。企業努力を無視して、勝手に為替損で業績が悪化するのだ。

当然、株価も反応する。上場企業の多くがキヤノンと同じく輸出をしているからである。よって、株価と円相場の基本的な関係は**円高で下落、円安で上昇**となる。

輸入企業や国内で活動する企業にとって円高はプラス要因だが、近年のグローバル化で円高のマイナスの影響を受けやすくなっている。

株価は夜に動く？

★世界中をリレーして動き続ける市場

夜間の為替・欧米市場動向にも注目せよ

お金の世界は24時間動き続けている

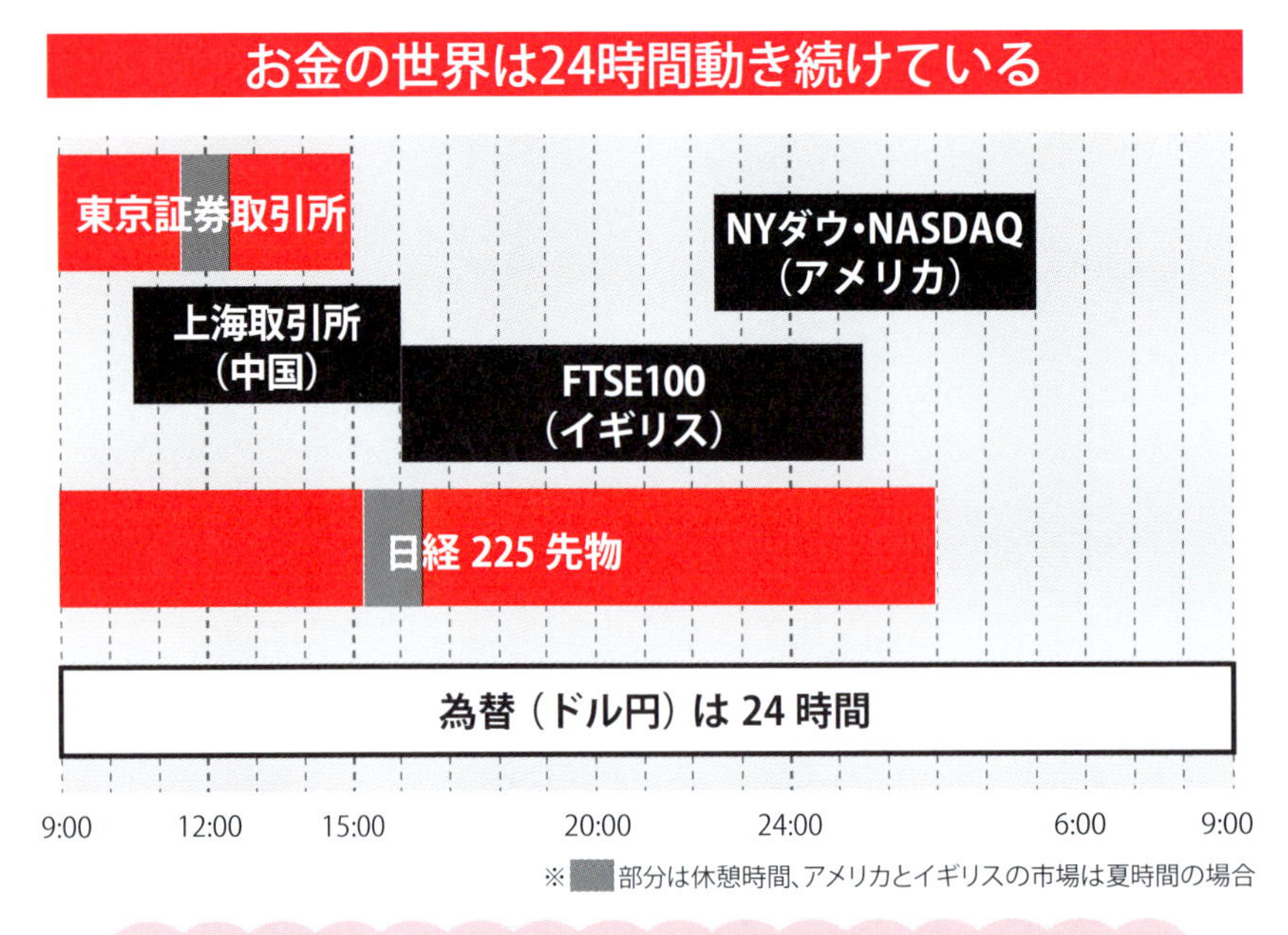

※ 部分は休憩時間、アメリカとイギリスの市場は夏時間の場合

15時以降は為替や海外市場の影響を受ける

夜間に株価に影響を与えるもの

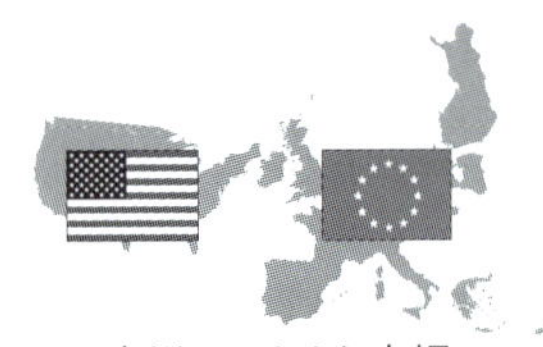

欧州・アメリカ市場

為替（ドル円）

ニュース

★市場はリンクしている

株取引を始めて「あれ、どうしてだ？」となることがある。

それは、朝9時に株取引が開始される時点で、前日より大きく上昇・下落して始まる時があるからだ。前日の夜間にニュースが出たわけでもない。

よく見ると、日経225先物（以後、先物）の価格に合わせて、相場全体が上昇・下落した位置から始まっている。

原因は簡単だ。前日の夕方以降に**先物の価格**が動いたのだ。取引時間を見ると、株の取引時間は9時～15時だが、先物の取引時間は8時45分～15時10分、16時30分～翌5時25分の2部制なのだ。この16時以降の夜間取引で先物価格が動くのだ。

先物は、東証一部代表の225銘柄の平均株価指数であった。そのため、この価格が動くと、東証の多くの株価がその水準にさや寄せする。

★POINT★

グローバルな世界では、株価は常に世界の市場と影響し合い動いている。

夜の間に動く株価

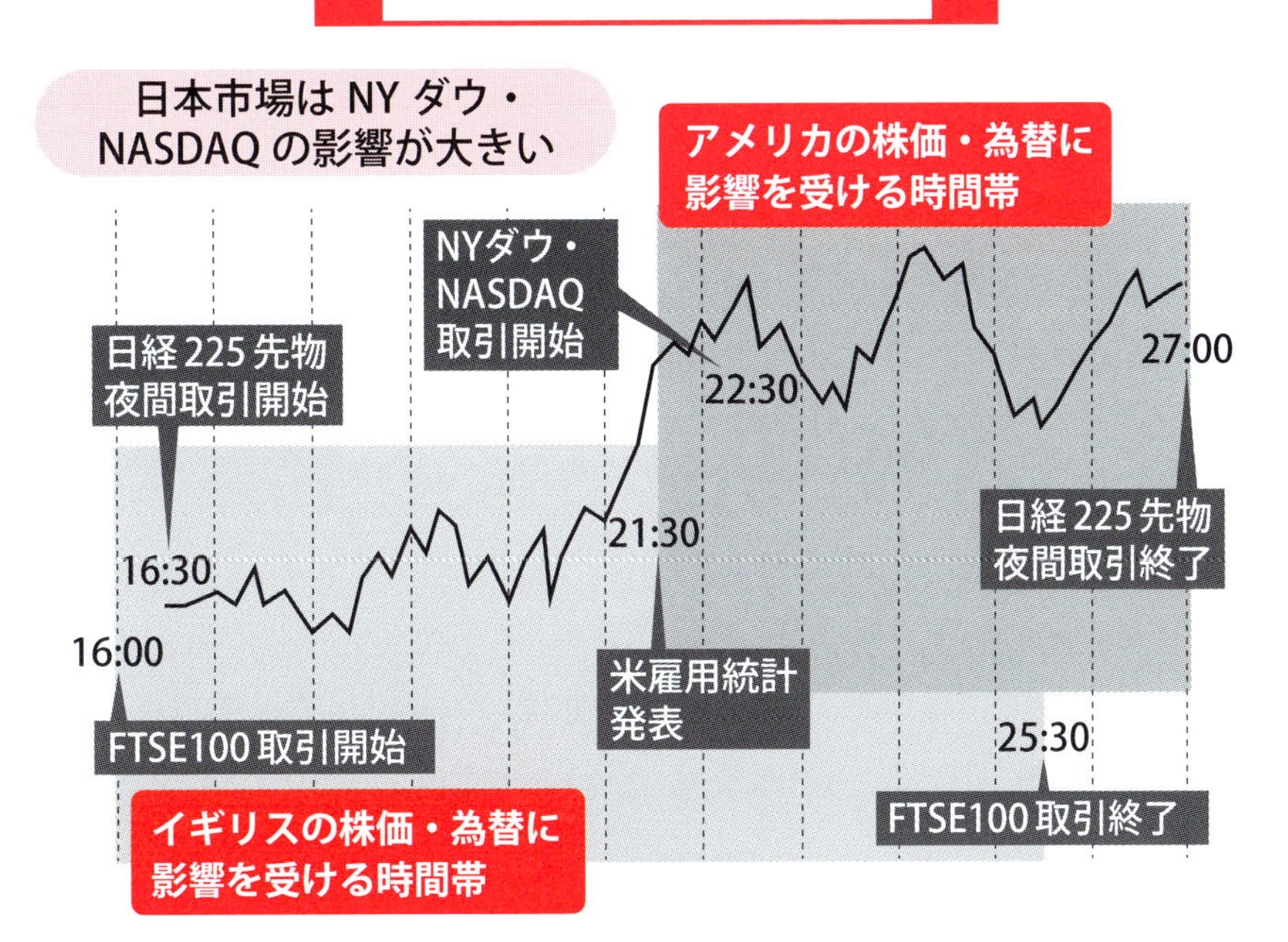

NYダウ株価の推移

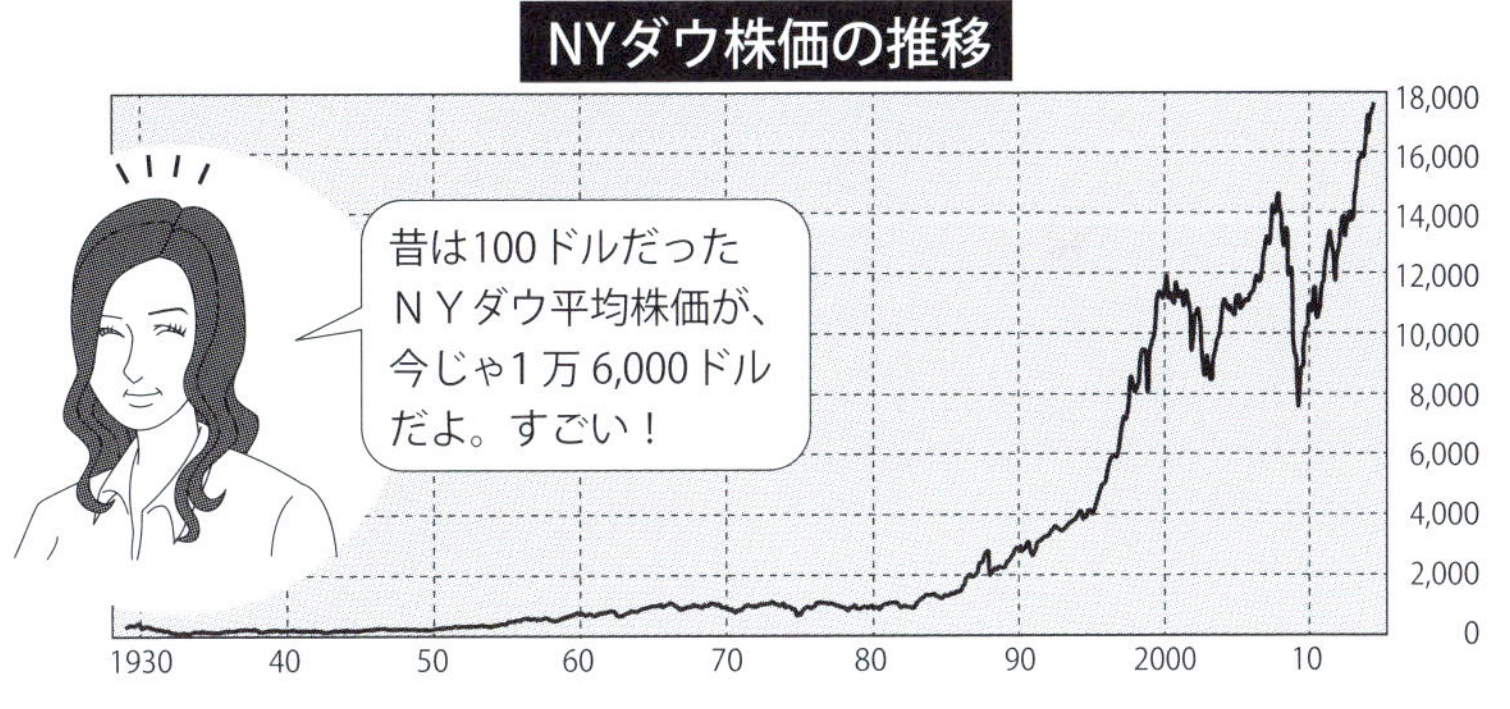

そして先物が夜間に動くのは、図のように**海外の株式市場の値動きに連動しているから**だ。

そしてもう一つ、為替も先物の価格に大きく影響を与える。為替市場の取引時間は、ほぼ24時間フルタイムなのだ。

昔の日本の株価は、もっと単純に形成されていたと聞く。しかし現代においては、ネット環境の整備とともに、先進国同士の経済的連携、それを受けた株価の連動は深まる一方であり、夜間取引の重要性が増している。

「寝ている間にも値動きがあって何か嫌だな……」と思うかもしれない。しかし、アメリカ市場は、世界を牽引して１００年以上前から史上最高値を更新し続けている。そのため、日本時間で下がってもアメリカが強くて翌朝は高いという具合に、連動していているおかげで助けられている面も多いのだ。

昼間の日本市場もまた、世界と無関係ではいられない。昼間は昼間で、為替、上海市場、韓国市場などの東アジア各国の取引時間と重複する。

これらの市場が大きく動くと、日本市場もその方向へ引っ張られることになるのだ。

★株式投資のために必要な心理

勝ち続けるトレーダーになる

勝ち続けるためには冷静さが大事

勝ち続けるトレーダー

勝率の高い売買だけを
続けて積み上げる

相場は常に中立

負け続けるトレーダー

相場に不要な「怒り」「裏切り」
「苦痛」を持ってしまう悪循環に…

人はリスク許容度を超えた分だけ苦痛を感じる

勝ち続けるトレーダーになるための条件

自己の心理分析

ファンダメンタル分析
（企業分析・市場分析）

テクニカル分析

★投資に必要な心理

株式投資を学術的に考えた時、大きな割合を占めるのが**「相場心理学」**である。

取引の原理や応用を理解しても、それを実行するのは人である限り、本番になった途端、トレードは心理に縛られてしまう。

しかし**相場は常に中立**であり、自分が取引した前後の値動きに因果関係はない。相場は集団心理の表れで、個人の感情で動いていない。

慌てたりイライラしたりするのは、負け続けるトレーダーだけである。トレードのリスクを受け入れていない証拠だ。

苦痛は自分のリスク許容度を越えた分だけ感じる。**リスクを受け入れて、冷静さを維持すること**は、自分の売買ルールを守るために必要なのだ。

勝ち続けるトレーダーに苦痛などない。勝率の高い手法・ルールを機械的に繰り返し、思惑と違った値動きをすればすぐに手

★POINT★

勝ち続けるのは難しい。冷静な心を持って順張りをするべき。

順張りと逆張りの違い

順張り　上昇・下降しているトレンドに乗っていくトレード法

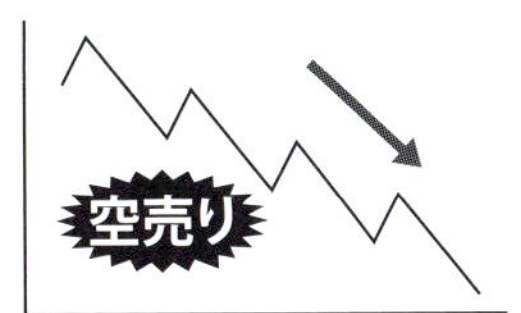

•ポイント•
トレンドが
変わらない限り
利益が出やすい

逆張り　主に急騰・急落でトレンドと反対を狙うトレード法

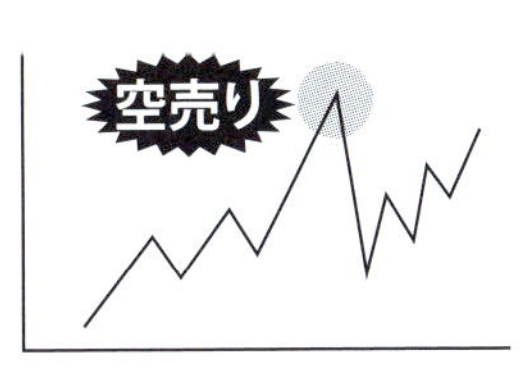

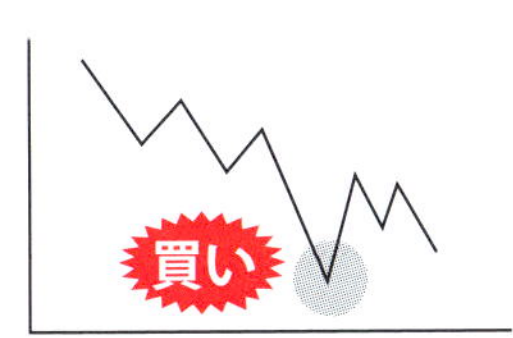

•ポイント•
トレンドと逆に
仕掛けるので、
利益が出たら
決済が必要

順張り（トレンドフォロー）が大切

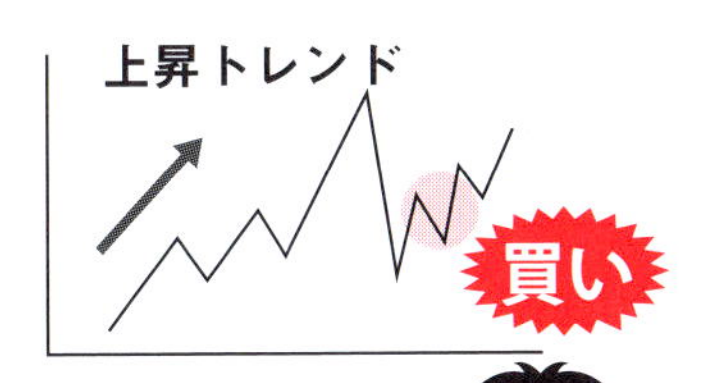

リバウンドを確認
してから買った
方が安全だね

下落の途中で買って
しまうパターンに
陥るんだ…

仕舞う。損を出しても冷静に、次のチャンスを待つのだ。心理をコントロールして、一貫したトレードができた者から勝ち続けられるようになるのである。

★順張りをしよう

トレーダーの手法を大きく分けると、**「順張り」**と**「逆張り」**に分けることができる。

順張りとは、上昇・下落している方向についていくトレードで、逆張りとは、上昇し過ぎだと思うポイントで空売り、下落し過ぎだと思うポイントで買う手法である。

多くの投資に関する書籍では逆張りを推奨している。

しかし、大底を狙い撃ちで買える人は、数人か、一人だけである。その他のトレーダーは、下がる過程で手を出して損失を抱えてしまう。これを続けると、いつか大きな損失となって続投できなくなる。

トレーダーは、常に意識は順張りでなければならない。

順張りは、下がった株を見送るわけではない。リバウンドを確認してから買うことも順張りなのだ。「底を打ったな」と思ってから買えばよい。「買われている株を買う」という意識を持つことが大切なのだ。

●ミニコラム●

私設取引所で夜間取引できる

★私設取引所「ＰＴＳ」

近年、注目すべき改革に「私設取引所（ＰＴＳ）」の導入がある。通常の株取引は、証券会社を仲介して取引所へ発注を行うが、ＰＴＳでは自社システムで処理をする。要するに、東証などの公設取引所とは別に**証券会社が手作りの市場を作ることが可能になった**のだ。

現在運営されているＰＴＳは、ＳＢＩジャパンネクスト証券の「ジャパンネクストＰＴＳ」と、チャイエックス・ジャパンが運営する「チャイエックス」である。

前者の方がメジャーで、ＳＢＩ証券に口座開設をすれば、東証で買うのと同じ手順でＰＴＳでも買うことができる。ただ残念ながら、他の証券会社からは取引できない。

ジャパンネクストＰＴＳで取引するメリットは、夜間でも取引ができる点である。

月曜日～金曜日の８時20分～16時のデイタイムに加えて、18時～23時59分のナイトタイムで国内株式の取引ができるのだ。

これなら、仕事を終えたサラリーマンでも取引が可能で、夕方のニュースにも対応できる。

デメリットは、ボリュームがまだ少ない点だ。日本の株取引全体に占めるＰＴＳの売買代金の割合は３％ほどであるが、年々増えているので、今後の代替市場としての役割に期待したい。

4章

取引の世界を知って投資に役立てよう

Let's know the trading and make it useful

取引の世界を知って投資に役立てよう 1

★株価は「板」で決まる

株価が動くメカニズム

売買の様子は板で見ることができる

現在値：99円

売気配	価格	買気配
20	102	
10	101	
15	100	
	99	11
	98	12
	97	10

101円に3枚指値発注

100円に20枚指値発注

99円買い気配が100円買い気配へ変わった

現在値：100円

売気配	価格	買気配
20	102	
13	101	
	100	5
	99	11
	98	12
	97	8

★株の値動きを見る

これまで見てきた決算短信、テーマ、アノマリー、日経225先物と海外指数の連動などは、株の需要を生むきっかけである。この章では、もっと細かく、設計図を見るように、生まれた需要がどのように処理されているのかを解説したい。

値動きの詳細は、デイトレーダー向けの話に聞こえるが、スイングトレーダーであっても、相場のプレーヤーであることに違いはないため、有利に動く手がかりになるはずだ。

★買い方と売り方は「板」でぶつかり合う

株が動く状況は、**「板」**を見ていれば分かる。価格を真ん中にして、両サイドに、その価格で買いたい枚数と売りたい枚数が並んでいる。

★POINT★

株価の動きは人の心の動き。人々の思惑の結果、オークション形式で決められる。

損失を最小限におさえる「逆指値」

通常の注文

指定した価格で自動的に買う・売ることを指示

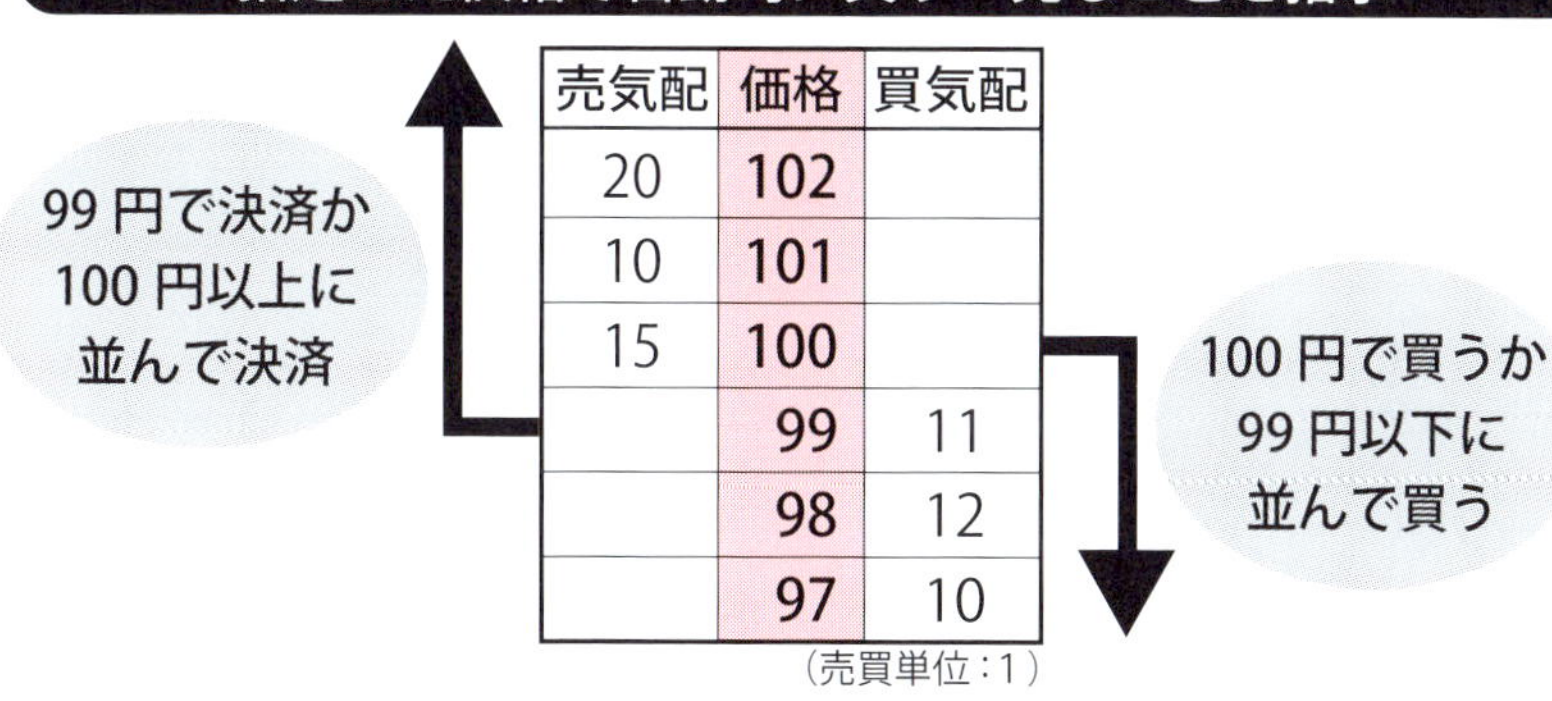

売気配	価格	買気配
20	102	
10	101	
15	100	
	99	11
	98	12
	97	10

（売買単位：1）

逆指値注文

売気配	価格	買気配
20	102	
10	101	
15	100	
	99	11
	98	12
	97	10

98円以下の
指定した価格に
なったら
決済する

101円以上の
指定した価格に
なったら買う

（売買単位：1）

10円下がったら自動的に決済する逆指値注文
も入れたから、仕事中も安心

もし買いの需要が多ければ時間優先、つまり、早い者順で買われていく。そして、買いたい枚数が大きい（金額が大きい）大口の買い手が1人でも現れれば、買い方の人数に関係なく株価は上昇する。

このような価格決定メカニズムは、**「オークション方式」**と呼ばれている。

例えば、現在値100円の株があるとする。少しでも安く買うために、99円に指値で並んでみた。

この場合、時間優先順位は最後になる。99円に少しずつ売りが出てきて、最後に並んだ自分が買えるまで順番待ちとなる。

では102円で買いたい場合はどうしたらいいのか。

現在値が100円なので2円上の値段を買うには2円上昇するのを待つしかない。サラリーマンにはそれは難しいだろう。こういう時に便利なのが**逆指値注文**である。

逆指値注文は現在値より「高い値段で買う」「安い値段で決済」といった二通りの「値段を指定した」発注が可能なのだ。

もっともポピュラーな使用法は、決済の方、つまり**損切り**である。

上図の99円で買った株式の損失を2円の下落分までに抑えたい場合、97円決済の逆指値注文を出しておけば安心だ。

株にはジャンル分けがある

★株のジャンルと値動きの特徴

★株価は大きさ別で分けられる

時価総額とは、**株価×発行株式数**のことである。

トヨタの株価が6000円とすると、発行株式数が34億株なら、時価総額は6000×34億＝20・4兆となる。

株式市場では、この時価総額を大きい順に並べて**「大型」「中型」「小型」株**とジャンル分けしている。

大型株とは、時価総額が大きい上位100銘柄のことである。日本を代表する規模の大きい会社が多く、必然的に日経225銘柄とかぶる。

そして、発行株式数が多いので、機関投資家など大口投資家の金額が入れられる。1億の買いを入れたところで、ピクリとも動かない。3億、4億の買いを入れてようやく動くような感じだ。そのため値動きが鈍く、デイトレード向けの銘柄は少ない。

大きさ別に分けた株の特徴

大型株	中型株	小型株
時価総額が大きい上位100銘柄	大型株につぐ上位400銘柄	大型・中型株以外

多い←　株数　→少ない

小さい←　株価の動き　→大きい

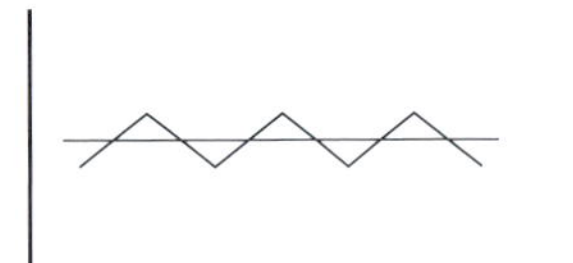

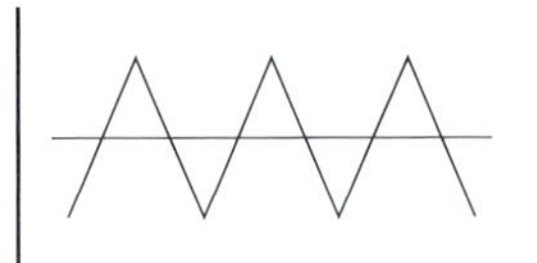

機関投資家などの大口取引が入る
↓
ピクリとも動かなくなる

大型株の板状況

売気配	価格	買気配
23,036,100	213	
16,376,700	212	
16,405,700	211	
	210	90,999,200
	209	6,394,800
	208	5,196,500

★POINT★

株は大型・中型・小型に分けられ、それぞれ違った動きをする。

各ジャンルの銘柄例

日経225先物や同業種間で連動した動き

大型株

銘柄	時価総額
トヨタ自動車	約20兆円
みずほ銀行	約５兆円
ソフトバンク	約10兆円
日本たばこ産業	約８兆円
キヤノン	約５兆円

大企業の社長

中型株

銘柄	時価総額
大成建設	約１兆円
ローソン	約7,600億円
ＡＢＣマート	約5,300億円
ハウス食品	約2,800億円
サンリオ	約1,900億円

サラリーマン

独自性が強い動き

小型株

銘柄	時価総額
日清オイリオ	約1,100億円
ラウンドワン	約1,000億円
パソナグループ	約380億円
スタジオアリス	約410億円
不二家	約660億円

デイトレーダー

※銘柄／時価総額（株価 × 発行株式数）

中型株は、大型株についで上位400銘柄のことである。

優良企業で将来性を期待される銘柄も多い。中型株の値動きは比較的軽く、大型株についていくような動きをする。

小型株は、大型株と中型株以外を指すので、上場企業の大部分を占める。

しかし、小型株として投資家の注目を集めるのは、時価総額1000億円以下の銘柄だ。

該当銘柄は証券会社から提供されているスクリーニングツールで探せる。このツールはPER・PBR等で割安銘柄を検索するのに便利だが、時価総額で銘柄を抽出する際にも使えるのだ。

小型株は時価総額が小さい（発行株式数が少ない）ため、少ない株式の奪い合いになってくる。

株価変動の材料が一つ出て、大口投資家などが現れると、株価に与えるインパクトが大きく、とんでもなく大きな値動きをする時もあるので注意が必要だ。

よって、人気化すると市場全体と連動せずに、独自の値動きを描く。

その独自性から、閑散相場や大型株が弱く期待が持てない相場では、小型株の値幅取りに資金が集まる展開も多いのだ。

Let's know the trading and make it useful
取引の世界を知って投資に役立てよう
3

★勝率が高い時間帯がある

ザラバの時間帯特性をつかめ

1日の値動きにはクセがある

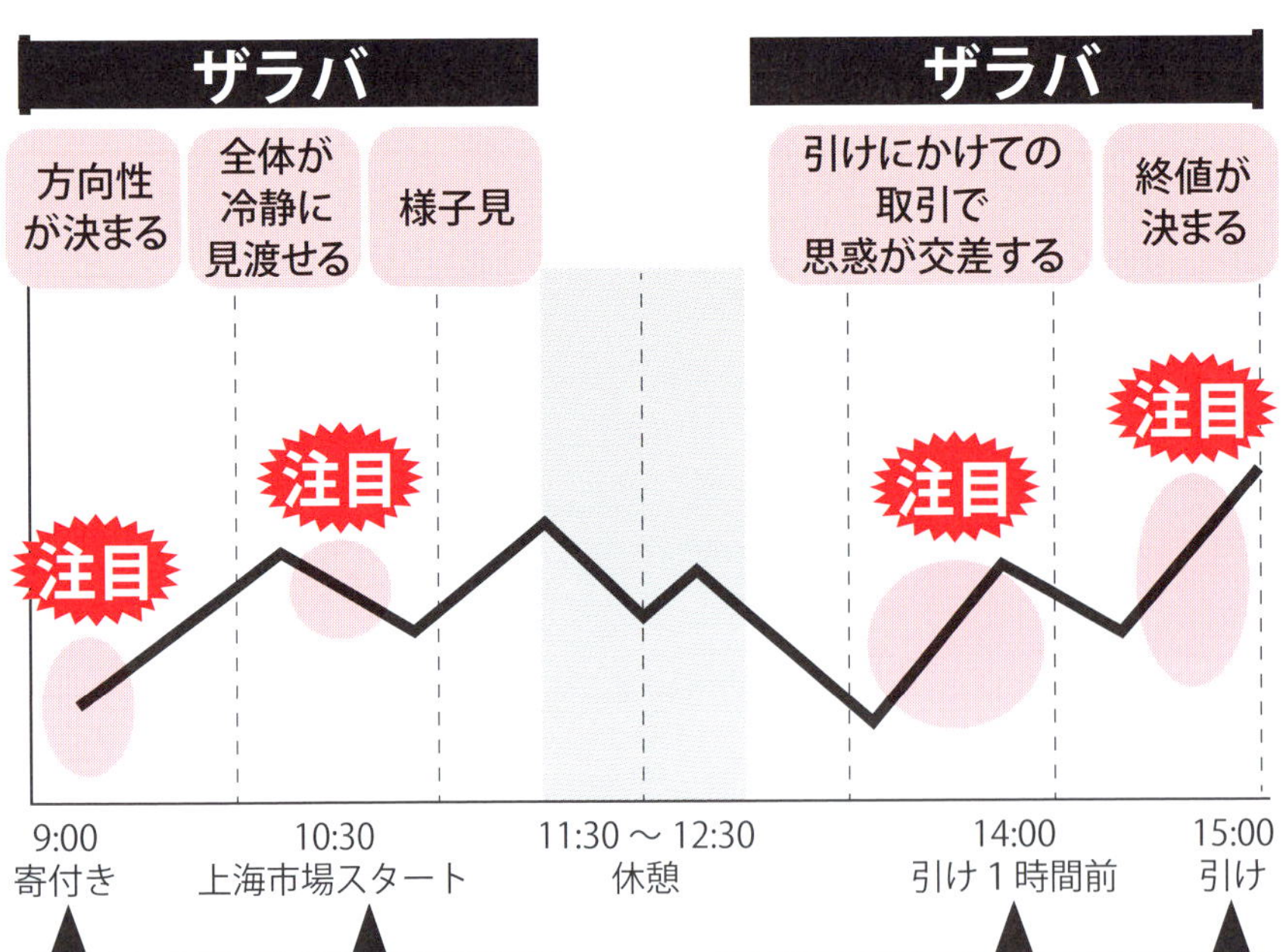

ここに注目する参加者は…

朝のトレンドに乗りたいね

ここに注目する参加者は…

売られてばかりで引けそうな銘柄は買うのやめよう

デイトレーダー

証券会社
（自己売買部門）

投資信託・
ヘッジファンド

スイングトレーダー

★要注意の時間帯

1日の値動きには癖がある。

朝9時、寄付いて今日初めての値が付く。その後は一瞬静かになり、上か下か、トレーダー全員が待機だ。

もし次の瞬間、為替が円安に振れて、先物が買われると、トレーダーの心理・感情が一斉に買いに向かうことになる。

寄付き直後は、株価が一方向へ動きやすい。この**方向性（トレンド）**は、30分ほど続き、株価がオーバーランすることも多々ある。デイトレーダーが特に注目する時間帯である。

朝10時頃は、買われ過ぎた株が調整を行い、上昇の反応が良い株、悪い株などが冷静に見渡せる時間帯だ。そして、10時30分に上海市場が開くので、様子見で取引量が減る。

このように、1日の中には**注目すべき時間帯**がある。

★POINT★

1日の動きの中には注目すべき時間がある。その特性を掴み、時を味方にしよう！

「寄成」と「引成」

寄成（よりなり）

➡ 自動的に9時の寄値で買う（売る）ことができる

引成（ひけなり）

➡ 自動的に15時の引値で買う（売る）ことができる

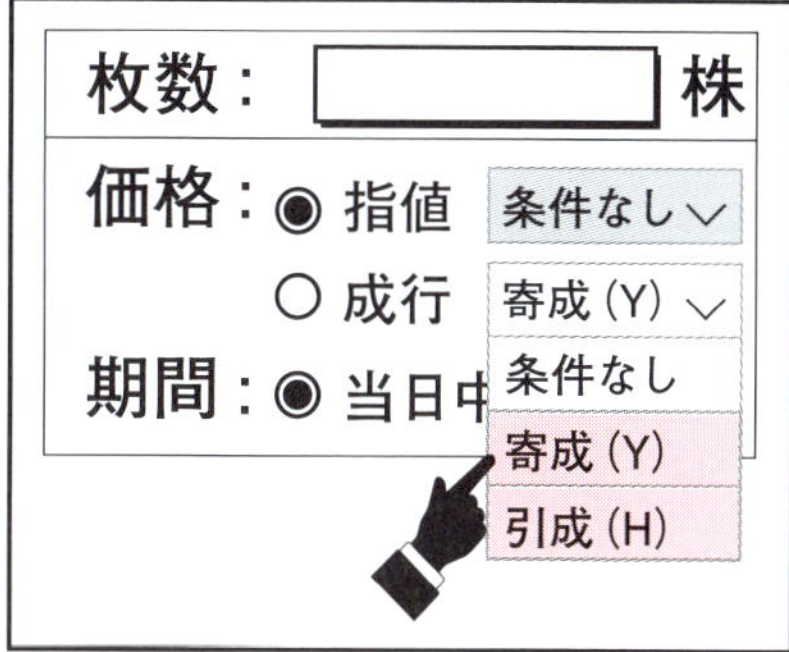

（41ページ図参照）

時間を指定して買える

時間指定注文

➡ 9時・15時以外の好きな時間を指定して買う（売る）ことができる

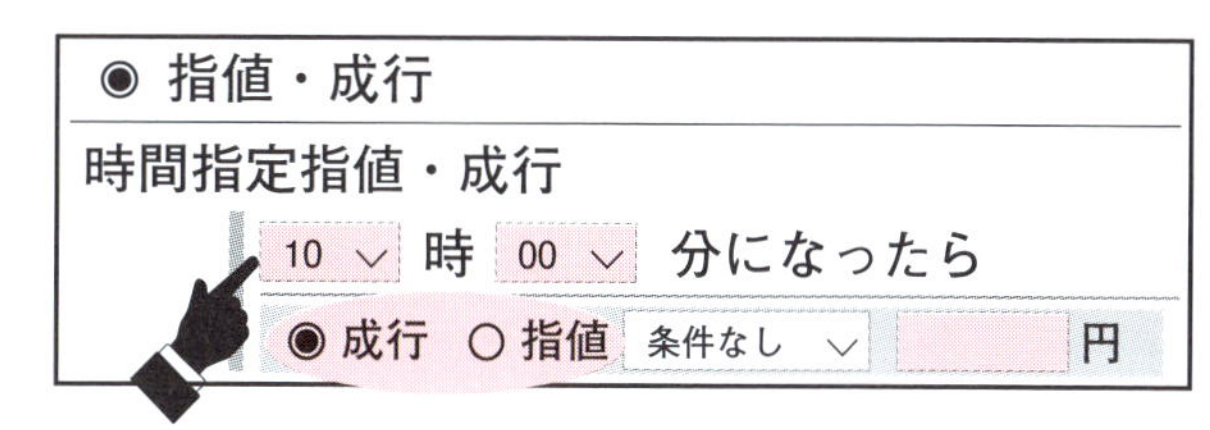

11時、13時などの相場が静かな時間に買うのもありだな

一つは朝9時〜10時、もう一つは、昼14時〜15時（引け）である。

ザラバの特性をつかみ、時を味方にすることは有利だと言える。ザラバとは、寄付きから引けまでの立会時間のことだ。

終値は指標や保証金維持率などの計算にも使われることから、引けにかけての取引で思惑が交差するのだ。

さらに、スイングトレーダーは、できるだけその日の値動きの影響の少ない、引けにかけて買ってくる。ファンド等の買いも同じだ。よくある1日の値動きも人の心理で説明できることが面白い。

★「寄成」と「引成」

証券会社によっては、寄成（よりなり）・引成（ひけなり）といった注文方法がある。

寄成は朝の株式市場がスタートする9時ジャストの寄値で買ってくれる注文であり、**引成**とは、市場が閉まる15時（引け）の終値で株式を買う注文方法である。

これらは逆指値注文と同じく、前もって前日の夜などに発注しておくことが可能だ。その他、時間に関する注文方法には、9時と15時以外の好きな時間を指定して発注する時間指定注文などがある。

★法人と個人の間にあった差

フル板情報を利用する

通常の板とフル板の違い

通常の板

売気配	価格	買気配
20	102	
10	101	
15	100	
	99	11
	98	12
	97	10
	96	
	95	

上下８本ずつしか表示されない

フル板

心理的節目が分かる

買累計	売引数①	件数②	売気配	価格③	買気配	件数	買引数	売累計
	7			∫			15	
		2	8	502				
		4	12	501				
		74	152	500				
				499	10	5		
				498	8	3		
				497	6	2		
				∫				

買いの引数が売りの引数より８枚多いので、15時に８枚の引成買いが入ることがわかる

500円の節（キリのいい価格など）には、売りたい人も買いたい人も多い

中心値から上下すべての板状況を表示できる

①引数…寄成・引成の枚数　②件数…注文の件数　③価格…上下制限値幅（その日に決められた値幅。ストップ高・ストップ安）までスクロールしていた情報を見ることができる

★フル板で分かること

個人投資家は、機関投資家に劣等感を持っている。「法人は特別な情報を得て取引しているのでは?」という疑惑があるためだ。誰も語らないが、その差が**「フル板」**であった。

しかし現在は、取引におけるニュースや板の情報で、個人と法人の差はなくなっている。ネット証券で「フル板」と呼ばれるサービス名で提供されている「フレックス・フル」に対応したためである。

フレックス・フルは、通常の板情報を強化したもので、上図のように注文件数などが見られるようになっている。

そして、フル板には「件数」と「引数量」の情報も追加されている。このため、**件数で心理的な節目が見つけられる**のだ。

引数量は、終値を決める重要な要素である。前項の「引成」注文の状況を見ることができるのだ。フル板の右上に「買引数」、

★POINT★

今や法人と個人の差はない。フル板を活用すれば、人々の心の動きが読める。

板読みトレードを極める

見るべきポイント①
売り板と買い板、どちらが厚いか?
株価は板の厚い方へ動く

見るべきポイント②
大きな売り物が置いてある節目はないか?
株価は節目を目がけて動く

【現在値498円】

売引数	件数	売気配	価格	買気配	件数	売引数
	2	43	502			
	4	32	501			
	74	152	500			
		22	499			
			498	10	3	
			497	5	2	
			496	8	3	

節目は500円
売板が厚い
買板が薄い
500円の節目に大きな売り物

上昇している銘柄は上値が買われている

500円をブレイクするパターン

498円にぶつけて売る必要もないし、上の方に並んで決済しよう

下値に売りが出てこないから、上値を買うしかない

株価が上昇する可能性が高い

左上に「売引数」があり、数量の多い方へ値がついて終値となる。

　板情報を投資に生かすには、板つきを見極める必要がある。

★板読みトレード

デイトレーダーの手法に**「板読み」**がある。刻々と変化する板つきを見ていると、買い枚数が急に増えたり、売り枚数がある価格だけ大きかったり、価格が変化する前後に不思議な現象を目にできる。

　そのような、板の癖や法則を見つけて取引することを「板読みトレード」と呼ぶ。

　フル板を用意しておくと、件数が見られるので需給が読みやすい。

　板読みトレードで重要なポイントは、買数量と売数量の厚さと、その件数である。この点から導かれた法則が**「株価は件数が多く、板の厚い方へ動く」「株価は節目をめがけて動く」**というものである。

　勝ち続けるトレーダーの条件として、順張り的な思考が必須だと説明したが、板読みトレードにおいても当てはまる。

　逆張り的な買い板が厚く、安い価格にみんなで指して並んでいる銘柄は上昇できないのである。

信用取引はハイリスクか？

★デイトレードには必須

信用取引はどんな取引？

回転売買ができる

信用取引の回転売買

信用建余力：　100万円
購入する株価：100万円（１株単位）

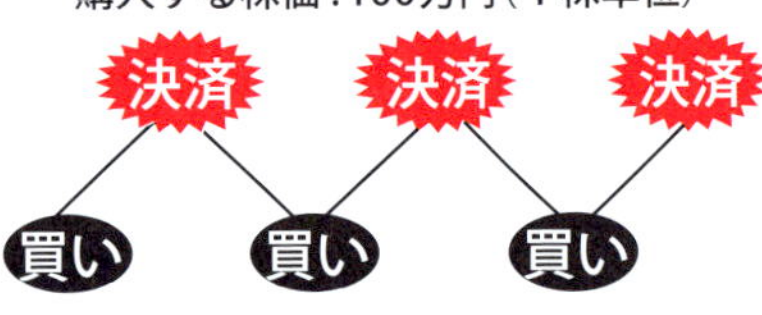

口座資金の範囲内で、同一銘柄を何度でも取引できる

通常の現物取引

口座資金：　　100万円
購入する株価：100万円（１株単位）

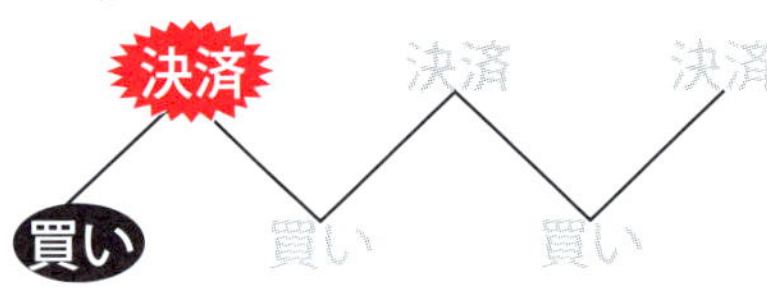

一度決済すると、同一銘柄は翌日以降でなければ買えない

信用取引は２種類ある

制度信用取引

返済期限は６ヵ月以内で、金利が安い

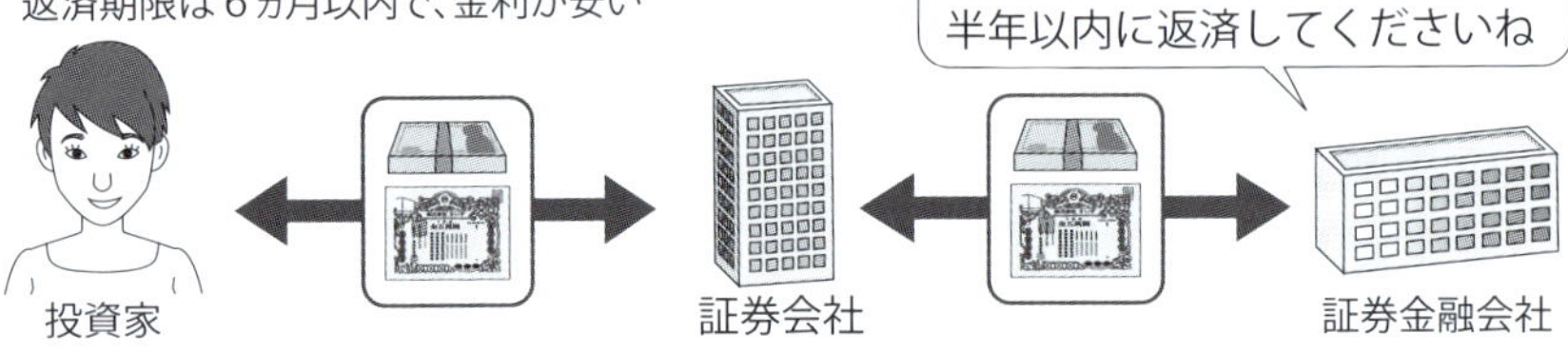

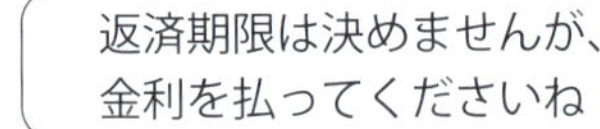

一般信用取引

返済期限はなく、金利がやや高い

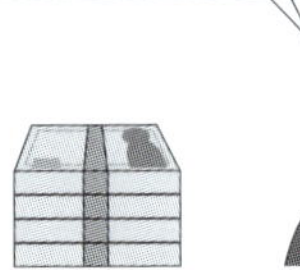

★メリットとデメリット

信用取引は、20ページで説明した通り、証券会社からお金や株式を借りて空売りを行うことだ。世間の株に対するギャンブル的イメージは、この信用取引から生まれている。

しかし、投資スタイルによっては、信用取引が必須となる場合がある。それが、**デイトレード**だ。使い方を知れば信用取引は必ずしも悪魔との契約にはならないのだ。

信用取引のメリットは、資金量が増えることに加えて、**回転売買**（差金決済）ができることである。

回転売買とは、同一銘柄を何回も売り買いすることだ。通常の現物取引では、回転売買はできないので1日1回しか買えない。

一方デメリットは、保有期間と金利である。信用取引は2種類あり、

①**「制度信用取引」**

★POINT★

信用取引はやはりハイリスク。ただし損切りができれば恐れることはない。

信用取引の特徴と失敗例

空売りができる

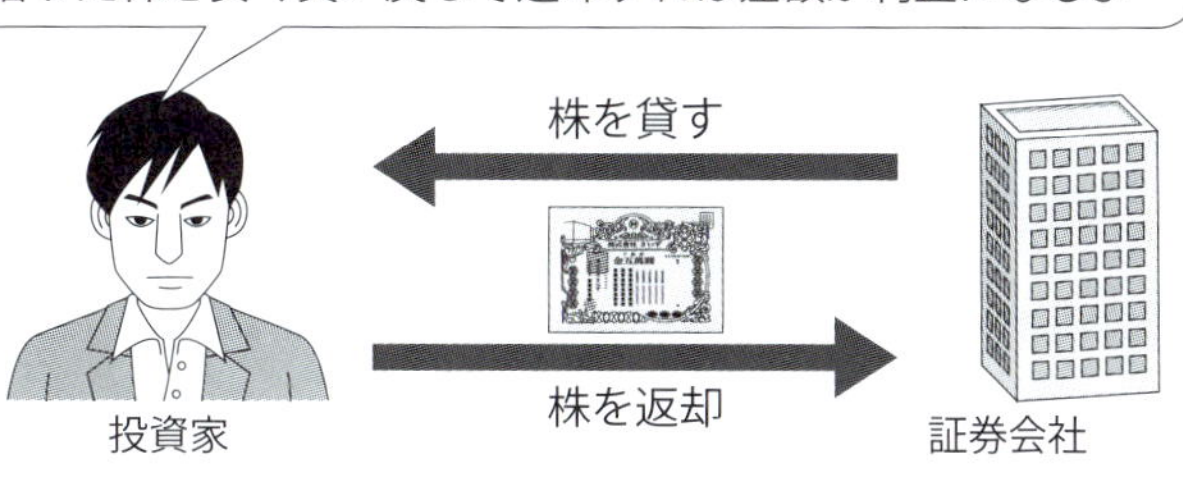

信用取引でよくある失敗例

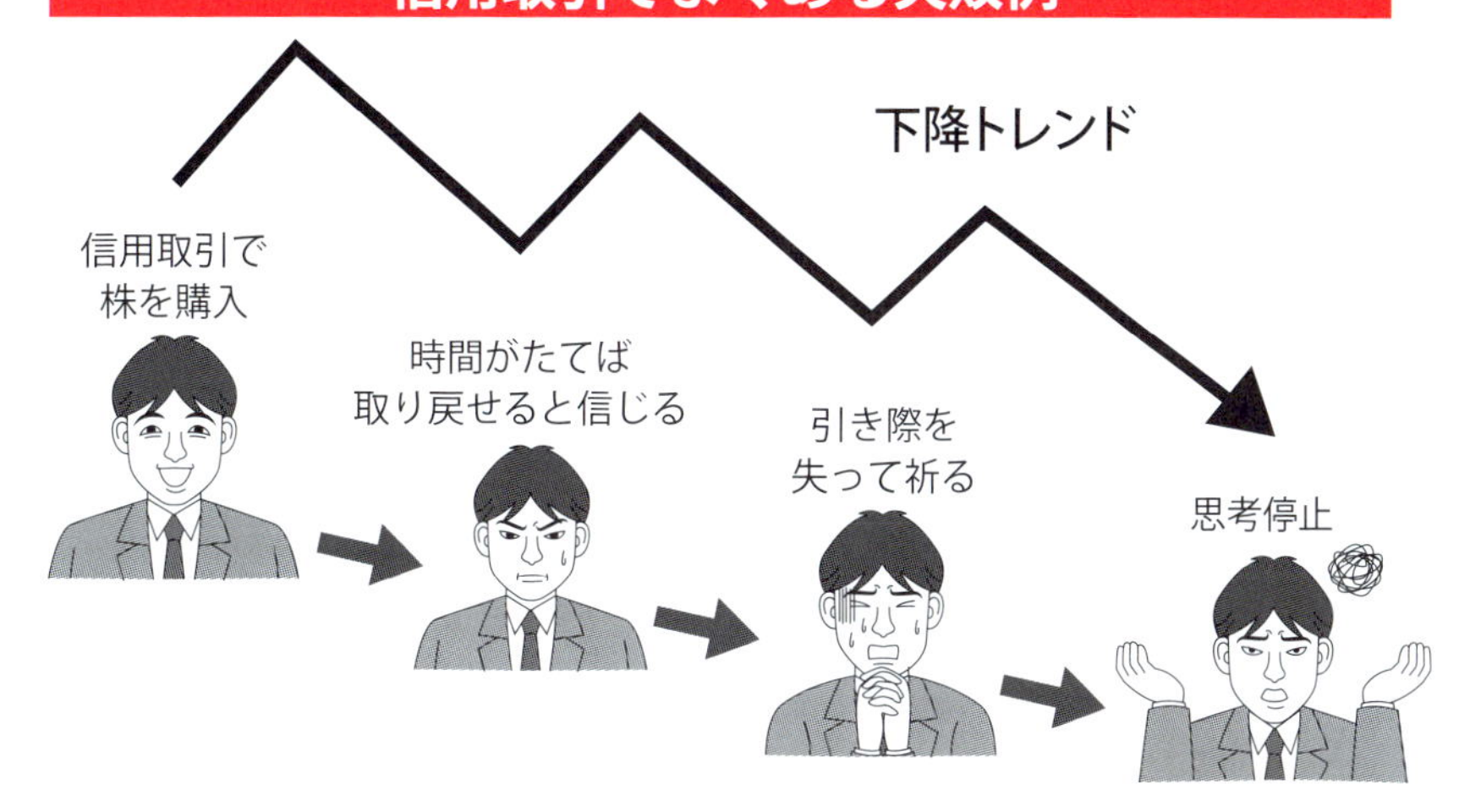

信用取引で大切なのは「損切り」

逆指値（62ページ参照）でリスク軽減を図ることは鉄則！

②**「一般信用取引」**と呼ばれる。保有期間と金利に絞って違いを比較すると、①は保有期限が最長6カ月で金利が安く、②は保有期限なしで金利が高い。そのため、発注する時に、6カ月以上保有するか否かの判断等で一方を選択することになる。

さらに、どちらの信用取引も株を持ち続ける限り金利が発生する。

よって、信用取引は、長期投資には不向きで**短期売買向け**なのである。

★信用取引はハイリスクなのか？

日本経済新聞社が発表している「信用評価損益率」という指標がある。これを見ると、個人投資家の信用建玉が慢性的に含み損であることがわかる。

その理由は、資金が3倍になると損益も3倍となり、利食いを急ぐ一方で損切りを遅らせてしまう心理が働くからだ。

「いつか買値に戻って来てくれるはずだ……」とお祈り投資法になってしまう。

トレーダーは**祈った時点で負け**である。損切りのルールをしっかり決めておくことが鉄則だ。

Let's know the trading and make it useful
取引の世界を知って投資に役立てよう 6

新興銘柄の値動きの特徴

★主力銘柄との違いは何か

若者は新興企業に夢を託す

スマートカー（自動運転技術）

【関連企業】
アイサンテクノロジー
ＤＮＡ
ドーン　など

ソーシャルゲーム

【関連企業】
アエリア
ドリコム
モブキャスト　など

ＡＩ（人工知能）

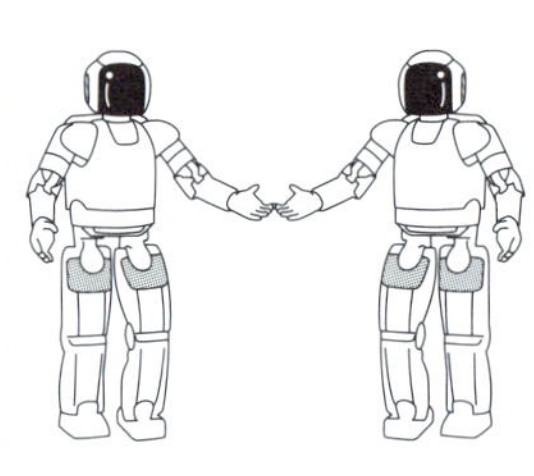

【関連企業】
ジグソー
ザインエレクトロニクス
ロゼッタ　など

新興銘柄は人気がすべて

人気要素
業種の将来性

人気要素
人気化した時の大きな値動き

値動きは小型株に該当

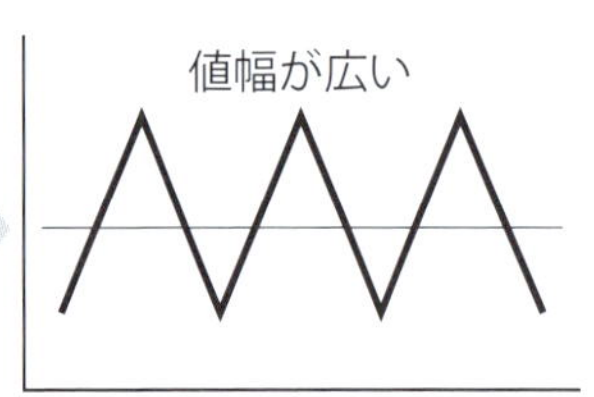

★新興銘柄は少ない株式の奪い合い

私が株取引を始めた頃は、情報化社会・電子化というネット社会の幕開けで、ネット関連の新興銘柄が盛り上がりを見せていた。

株式掲示板では、「Ｙａｈｏｏ！」や「ライブドア」（上場廃止）などの名が夢と希望とともに語られていた。

ＩＴ革命の一時的なものかと思った時期もあったが、今でもスマートフォンやオンラインゲーム関連で若者人気は絶え間なく続いている。

人気の理由は、新興企業の多くが新しい事業を展開し、そのターゲットが若者であるからだ。そして、何よりも新興銘柄の値動きに魅了されている投資家が多いのだ。

新興銘柄は、小型株に該当し、**時価総額が小さく、数少ない発行株式の奪い合いとなって株価が乱高下する**。

★POINT★

新興銘柄と主力銘柄は逆の動きをする。少ない株の奪い合いになることもある。

主力銘柄と新興銘柄の相関関係

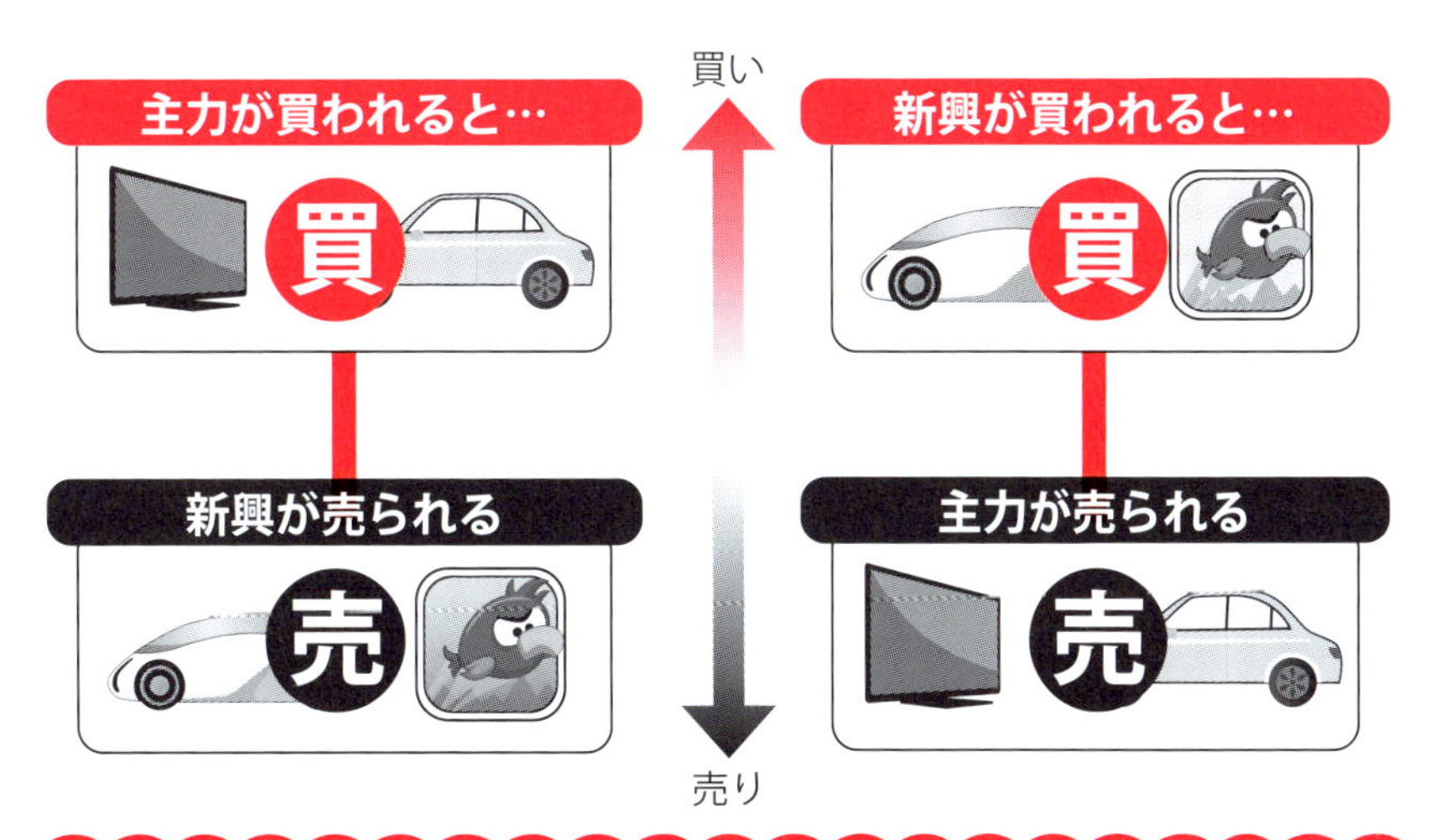

交互に売買されながらも正しい評価がされている

投資家は市場間を大移動する

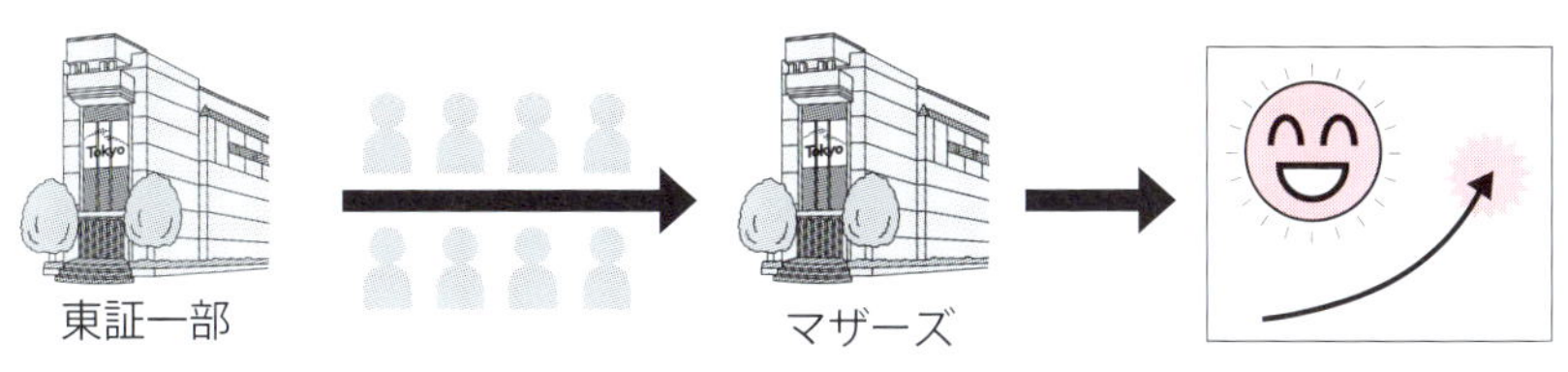

先物やドル円に値動きがなくなる

投資家が新興市場に大移動する

ささいな材料に飛びつく投資家が増え人気化する

荒れた値動きは新興銘柄の特徴であるが、もう一つ覚えておきたい性質があり、それは新興銘柄と東証一部銘柄（主力銘柄）との値動きの関連性である。

★主力企業とは逆の値動きをする

老舗企業に対して、新興企業は次の時代を担う者である。この大まかな役割が値動きにも表れる。

主力銘柄が買われる日は、**新興銘柄が売られる傾向**がある。そして、新興銘柄が買われる日は、主力銘柄が売られる日である。

例えば、トヨタや日立が買われて上昇している日は、ガンホー、アドウェイズは軟調な展開が予想される。

しかし、アベノミクスなどの大相場では全銘柄が一斉に上昇する。ここで紹介した主力と新興の値動きの関連性は、日常的なものとして覚えておこう。

新興銘柄は主力銘柄と連動しないということは、先物やドル円にも連動しないということが分かる。**売買の需給（人気）や材料（ニュース）で価格が形成されている**のだ。

いきなり株が動いた！ なぜ？

★増資と決算短信に要注意

増資があると株価が動く

良い増資と悪い増資がある

良い増資

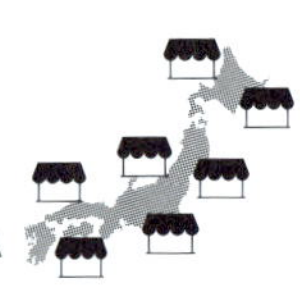

公募増資発表後の株価の動き

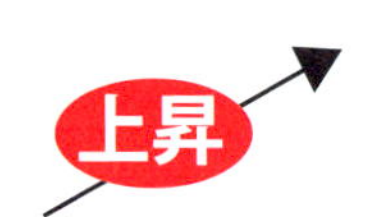

悪い増資

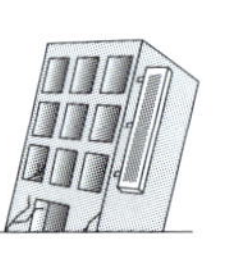

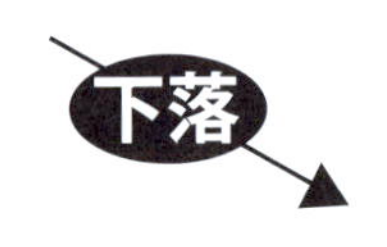

増資によって投資家の資本は減る

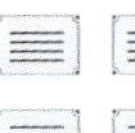

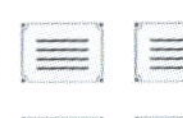

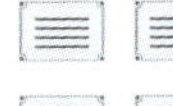

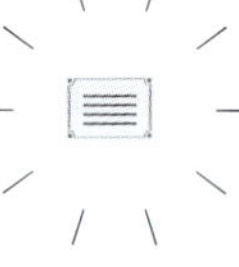

一般的に市場価格の３％にディスカウントされる

増資は株主に嫌われる

★増資で株が動く

取引所が開いて商いがある限り株は動くが、中でもよくクローズアップされる値動きを取り上げたい。

ひとつが**「増資」**である。わずか数日で株価が20％以上変動する時があるのだ。

増資とは、企業が新しい株券を投資家や第三者の企業へ発行して、資金を再調達することである。事業拡大のためなどの良い増資なら株価が上昇する場合もあるが、ほとんどが窮地に立たされた末の増資で、株価は下落となる。

下落時に利益を出すには「空売り」が必要になるが、増資でそれをしかけるのは、主にヘッジファンド、個人投資家である。

そして、増資をする会社は、株価をいくらで発行して売るかという発行価格を決める必要が出てくる。

一般的に、増資の際は現在取引されている株価より３％ほどディスカウントされて

★POINT★

株価が動くのには理由がある。その後の値動きが想定できれば慌てることはない。

決算短信によって株価が動く

取引時間中の決算発表に注意

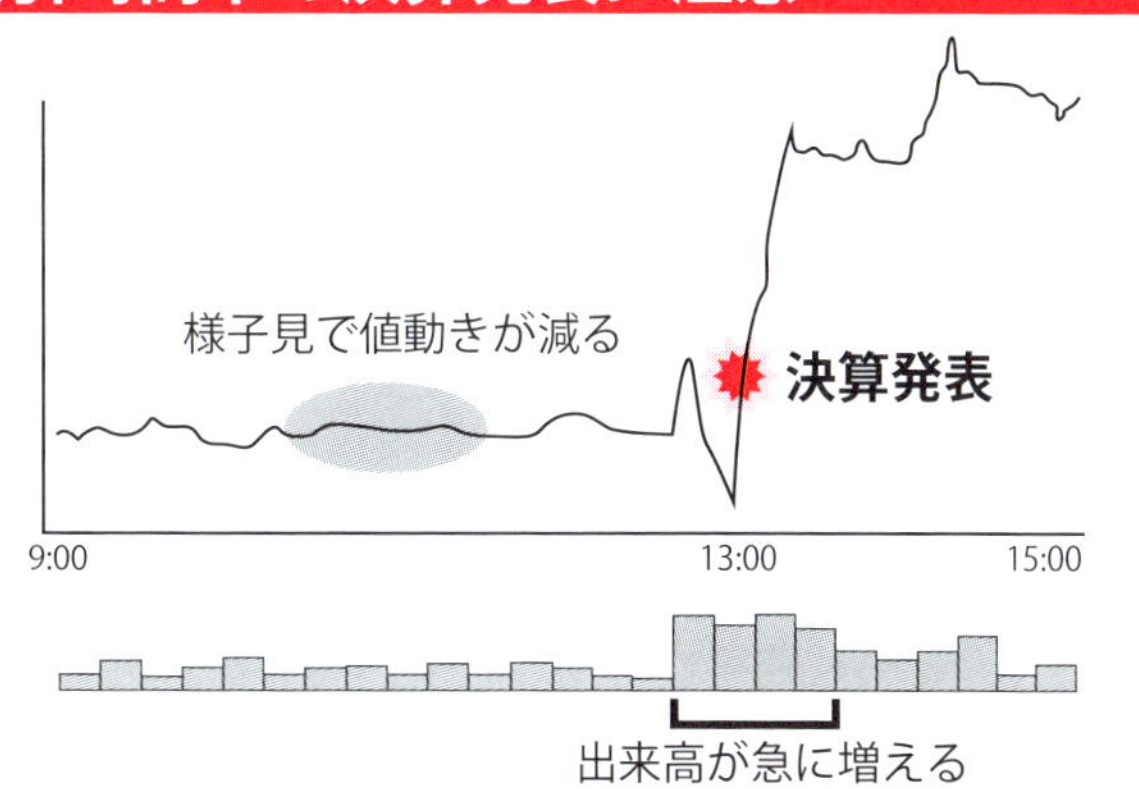

決算が良いからといって株価が上がるとは限らない

A銘柄 掲示板
10 名無し
決算に期待できるね
11 名無し
みんな買ってる
12 名無し
上方修正してもおかしくない

投資家の決算への期待値が上がりすぎてるな…

1ヵ月〜数日前からの値動き

既に買われている

決算発表

上昇パターン
上方修正あり、増配など期待以上のサプライズが必要

下降パターン
好決算でも予想範囲内だと下落する場合もある

売り出される。ということは、投資家は増資発表と同時に**空売り**を行えば、株価が動かなくても最低3％の利ザヤは確保できる可能性が出てくる。

つまり、株価を下げる**希薄化・ディスカウント発行**という2つの要因を狙ったトレードが横行するのだ。

★決算短信で株が動く

もうひとつの例は**「決算短信」**によるものだ。決算短信は、一般的には取引が終了した15時以降に発表されるので、翌日の取引開始までじっくり吟味できるはずだ。しかし実際には、かなりの企業がザラバ（取引時間）中に発表をしてくる。

静かな値動きをしていたところ、発表（ニュース速報）と同時に、いきなり株価が一方向へ動き出すのだ。

しかし、その日の株の値動きが、決算が良かったから上昇、悪かったから下落するとは限らない。サプライズがないと、決算速報と同時に下落してしまう可能性が高い。**株価は未来の期待を織り込んでいる**ので、予想や期待という未来が現実＝現在となると、「出尽くし」で売られてしまうことが多いのだ。

Let's know the trading and make it useful

取引の世界を知って投資に役立てよう 8

★市場にうごめく人々

仕手集団とヘッジファンド

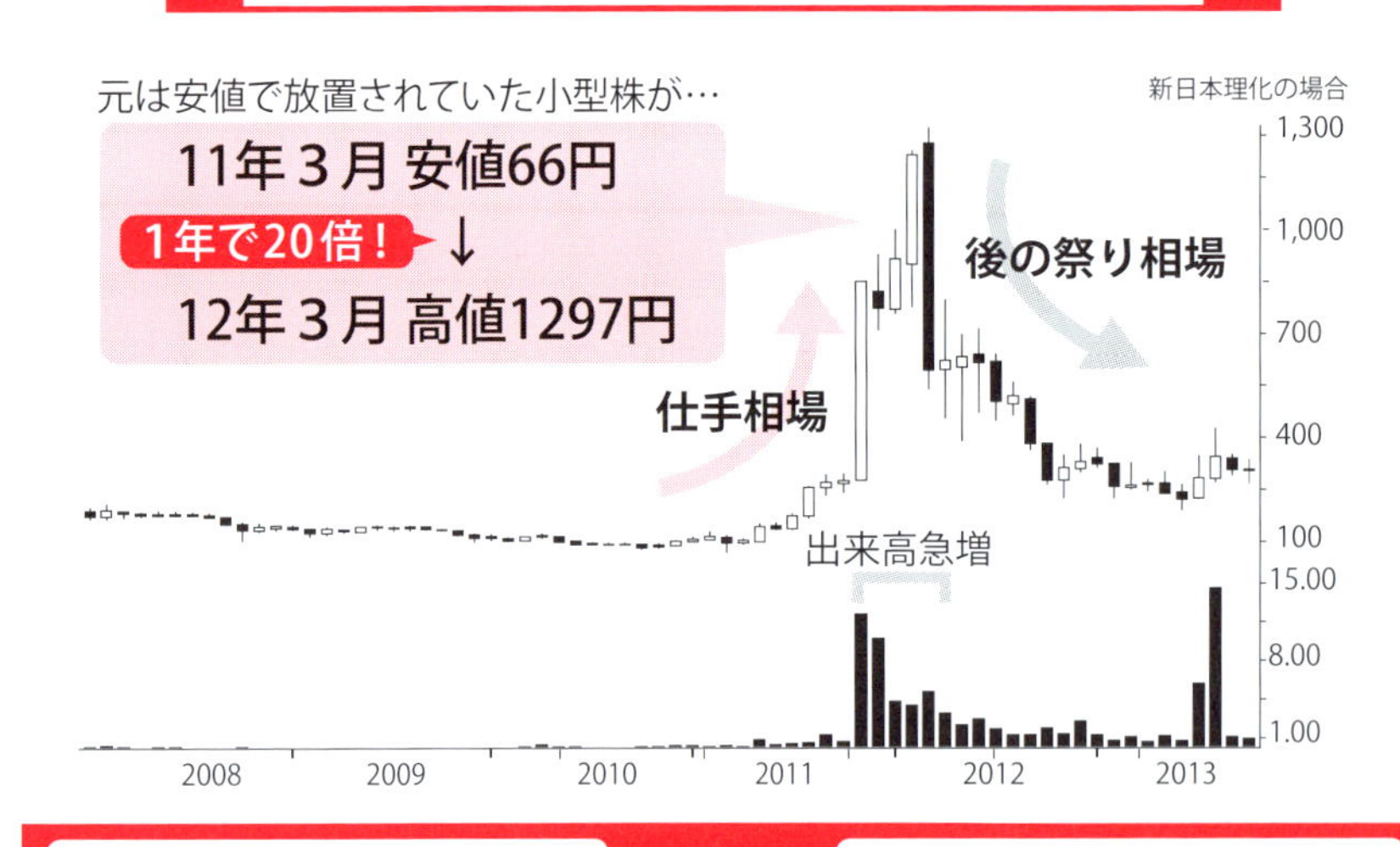

小型株　**発生条件**　信用取引が可能な銘柄

★「仕手」とは何か？

証券取引のアンダーグラウンドで催される**「仕手相場」**という宴がある。

証券取引法をかいくぐって開催され――いや、抵触している部分もあるかもしれない。仕手相場は、1日1％前後の値動きに物足りなくなった、投資家の欲望のはけ口として存在し、そこで彼らは投機家に変わるのだ。

宴の主役は「仕手株」である。仕手集団が大量の売買で**ボロ株**（株価100円以下の銘柄）を吊り上げて、個人投資家を呼び込んで人気化させた銘柄のことだ。

相場操縦や友達同士の馴れ合い売買などは、証券法で禁止されている。しかし、最近では、仕手集団がネットでの呼びかけに応えた個人投資家群である可能性もあり、商いにおいての違法性が判断しにくい。そして、仕手株となった銘柄も株価が上昇する材料がしっかり存在したりするのだ。

★POINT★

仕手集団もヘッジファンドも利益を追求しているが、マネはしない方がいい。

ヘッジファンドはハイリスク・ハイリターン

ヘッジファンドは私募形式

私募形式

最低投資金額
1億円以上

絶対利益追求型

あらゆる金融商品に投資し空売りも行って
下落局面でも利益を追求する

リターンを狙う分だけハイリスク

市場悪化時にポジションがふくらむ傾向がある

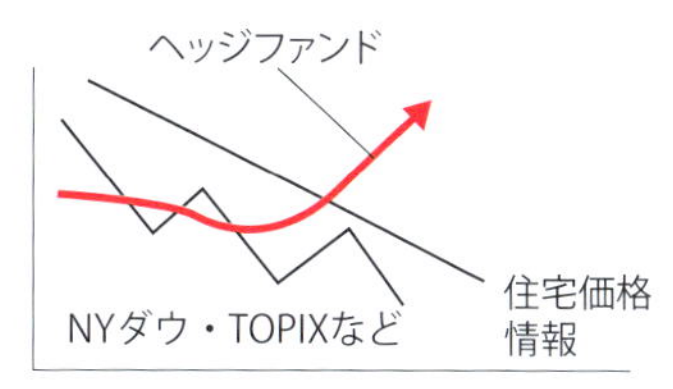

市況が大きく悪化すると耐えられない

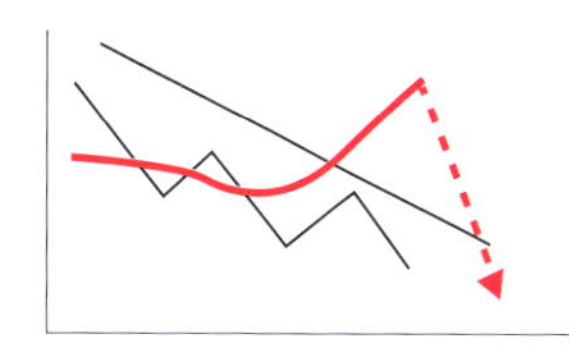

仕手株はデイトレーダーの主戦場になるので、損切りが何よりも大切だ。長期投資においては、過去の値動きを見て、「ボロ株が仕手化したか……」という判断をもって、取引は控えることだ。

★「ヘッジファンド」とは何者か

「ヘッジファンド」とは何者だろう？

ヘッジファンドは主に**私募形式**で機関投資家や富裕層などから私的な資金を集め、主に先物などのデリバティブ派生商品で運用する。

値動きが激しいデリバティブ商品を扱うことから、投機的であることが分かるだろう。

利益を追求する手っ取り早い方法はレバレッジを高めることだ。いわゆる**ハイリスク・ハイリターン**である。

現在、約1万社あると言われるヘッジファンドの多くは、香港・シンガポール・ケイマン諸島など、タックスヘイブン（租税回避地）を拠点として、税金・法律を回避しているため、実態がつかめない。

ヘッジファンドとは、強欲資本主義が生んだ「マーケットの黒幕」なのだ。

Let's know the trading and make it useful
取引の世界を知って投資に役立てよう
9

★投機戦略に陣形を加える

株にはフォーメーションがある

投資戦略に陣形を加えよう

フォーメーションは業種別で組む

攻撃は外需銘柄

①フォワード
自動車
電気機器
半導体

②ミッドフィルダー
商社
銀行・保険
不動産

③ディフェンダー
情報通信
陸運・空運
食料品
医薬品
電気・ガス

守備は内需銘柄

戦略パターン

下落リスクを押さえる

- 株価水準が高すぎる
- 不景気対策
- 長期配当狙い

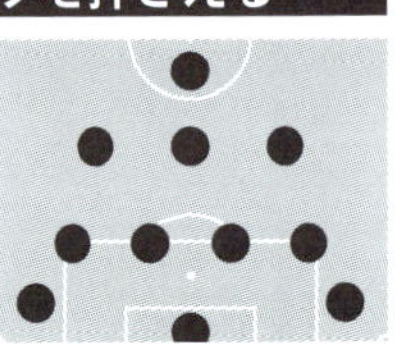

攻撃陣へシフト

- 金融緩和期待
- 積極的な投資
- 売られすぎ反発期待

★業種別でフォーメーションを組む

日本の上場銘柄には**「景気敏感株」**が多いという特徴がある。

景気敏感株とは、自動車や電機などの外需企業のことで、欧米の景気や、それを受けた為替の動きなどに敏感に反応して上昇、下落をする銘柄のことだ。

そして、日本は成熟した先進国と言われるように、交通インフラや医療・食料品などの内需も安定している。

株式市場では、内需企業のことを別名で**「ディフェンシブ銘柄」**と呼んでいる。

その名の通り守備力が高く、欧米の景気動向に左右されにくい。その代わり、相場上昇局面でもさほど上昇しない。

つまり、景気敏感株とは反対の特徴を備えていて、株価が安定しているのだ。

そこで、投資戦略に業種別の攻守を加えるために、サッカーのフォーメーションを

★POINT★

業種別に手持ちの札を用意すれば、いろんな陣形を作ることができる。

各ポジションの特徴

①フォワード（攻撃陣）　自動車、電気機器、半導体

外需銘柄

景気敏感株　**買われやすく売られやすい**

景気に敏感に反応し、いち早く上昇する。反面、守備力が低く下落も早い。

②ミッドフィルダー（攻守陣）　銀行、保険、不動産、商社

内需比率が高い銘柄

たまに攻撃に参加するが、為替や外国株の影響をあまり受けない堅さがある。

【例】
「不景気なので守備を固める時…
配当狙いで①②を売って③を買う

③ディフェンダー（守備陣）　情報通信、鉄道、医薬品、電気・ガス、食料品

内需銘柄

外部環境に左右されず、個別で株価が決まる。高い守備力で簡単には下がらない。

【例】
景気が良くなると思った時…
③を売って①を買う

上図のように組んでみた。

あえて番号を振ったのは、①②③の順で買われ、売られる順番も①②③であるからだ。

要するに、値動きの荒い順である。

★戦略によって陣形を変える

戦略パターンを考察すると、「不景気なので守備を固める」という時は、配当狙いの長期運用で①②を売って③を買う。

例えば、自動車（トヨタ・ホンダなど）や総合商社（三井物産・丸紅など）関連のポジションがある場合は解消し、代わりに防御力の高い内需企業の電気・ガス（ＮＴＴ・東京ガスなど）の割合を増やす戦略である。

一方、「この先、景気が良くなる」と思う場合は、一転攻勢の陣形に変更する。つまり③を売って①を買うか、②③を保持したまま追加で①を買う。

このように、**いくらでも戦略を練ることができる**はずだ。内需・外需銘柄の特徴を把握し、自分の持つ銘柄のポジションが①②③のどこに属するのかを把握しておこう。

Let's know the trading and make it useful
取引の世界を知って投資に役立てよう 10

★6カ月程度の短期予想

株価レーティングはどう使う？

株価レーティングとは何か

株価レーティングとは…

期間内における株価の予測パフォーマンスから買い・売りなどを判断したもの

6カ月程度の短期予想　　毎日株式ニュースで目にすることができる

「買い」「中立」「売り」の３段階　※証券各社で表記が異なる

買い（アウトパフォーム）

売り（アンダーパフォーム）

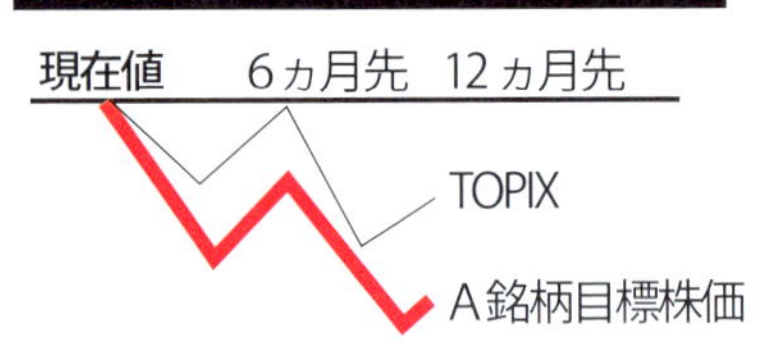

機関投資家が保有する銘柄のレーティングが高い例が多く、もともと業績が安泰な銘柄を評価している

★参考程度に考えよう

大手証券会社では、個別銘柄に対して**「レーティング」**と呼ばれる評価を行っている。

事業の成長性、市況動向などを総合的に判断し、その企業の目標株価とパフォーマンスを記号などで表している。

証券会社がカバーしている上場企業は多いので、次のようなニュースをよく目にする。

「リコー（7752）は続伸。ドイツ証券はレーティングを「Sell」から「Buy」へ2段階格上げ、目標株価も800円から1300円に引き上げた。

複写機など足元の事業環境は循環的に改善傾向にあり、改革効果の発現を考慮すれば、数量効果を保守的に見ても、19年3月期に大きく利益が改善するだろうと指摘している。」（2017年5月22日　FISCO）

★POINT★

プロの言うこととはいえ鵜呑みにするのは危険。参考程度に考えよう。

飛びつくのは危険

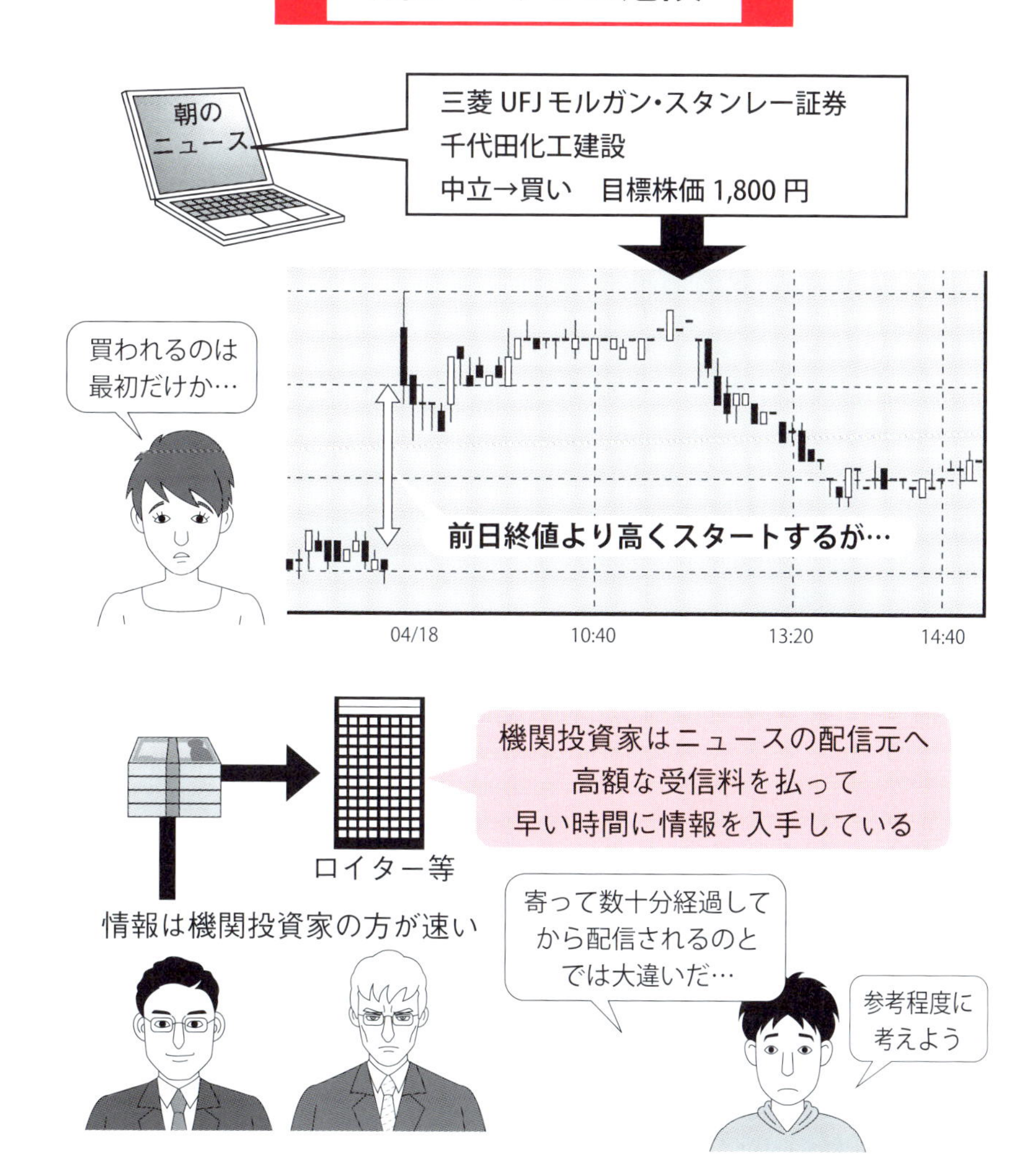

レーティングは、証券各社で表記が異なるが**「買い」「中立」「売り」**の基本3段階で見ると分かりやすい。

使い方は、レーティングが格下げされたら、買い銘柄候補から除外するぐらいの気持ちでよい。

★レーティングは怪しい？

私の控え目な書き方から、「何かレーティングって怪しいのかな」と思う人もいるだろう。

まず株価レーティングは、あくまで6カ月程度の短期間の相対的な株価変動の予想である。レポートの内容は正しく、長期投資で保持している銘柄が格上げされたら素直に安心できる。

しかし、デイトレードで飛びついて買うのは避けたい。出尽くしで一時的に下がる可能性もあるからだ。

さらに、機関投資家は、ニュースの配信元であるロイターなどへ高額な受信料を払って早い時間に情報を入手している。

朝、レーティング速報が寄り前に配信されるのと、寄って数十分経過してから配信されるのとでは大違いで、デイトレーダーには不利な展開になるからだ。

HFT・アルゴリズム取引とは？

★株取引の見えない世界

★株は高速取引の時代へ

「HFT」とは、コンピュータを使った高速自動売買のことである。現在、東証一部の出来高の約6割がHFTによるものとなっている。

最近では、発注速度の競い合いの果てに、ミリ秒（1000分の1秒）から、マイクロ秒（100万の1秒）まで高速化している。

そして、どういう状況になったらHFTを使うかといった条件（プロセス）を**「アルゴリズム」**という。

HFT・アルゴリズム取引は、大手証券会社の自己売買部門やヘッジファンドなどが膨大なお金をかけて導入している。デイトレーダーには死活問題となっているが、次で攻略法（回避法？）を解説したい。

★機械を制するのはやはり人間？

株取引の見えない世界

コロケーションサービス
東証内部に各証券会社の発注サーバ設置を許可すること

証券会社のサーバ

HFT=High Frequency Trade
コンピュータを使った高速取引

アルゴリズム例
直近高値（節目）トリガー 8000円 and 出来高急増 or テクニカルサイン

HFTによるマイクロ秒単位の発注

アローヘッド

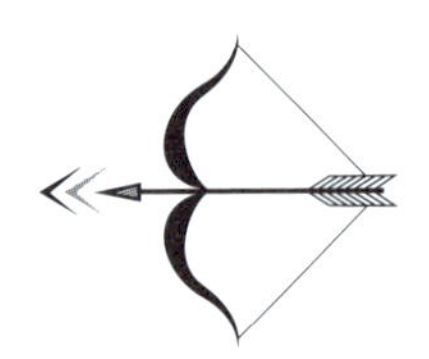

売気配	価格	買気配
198	8,002	
178	8,001	
1,000	8,000	
	7,999	156
	7,998	80
	7,997	55

あっという間に決まる

★POINT★

今や人間の相手は強敵の高速システム。しかし味方につければ頼もしい。

回避するのも手・味方にしてこそ一流

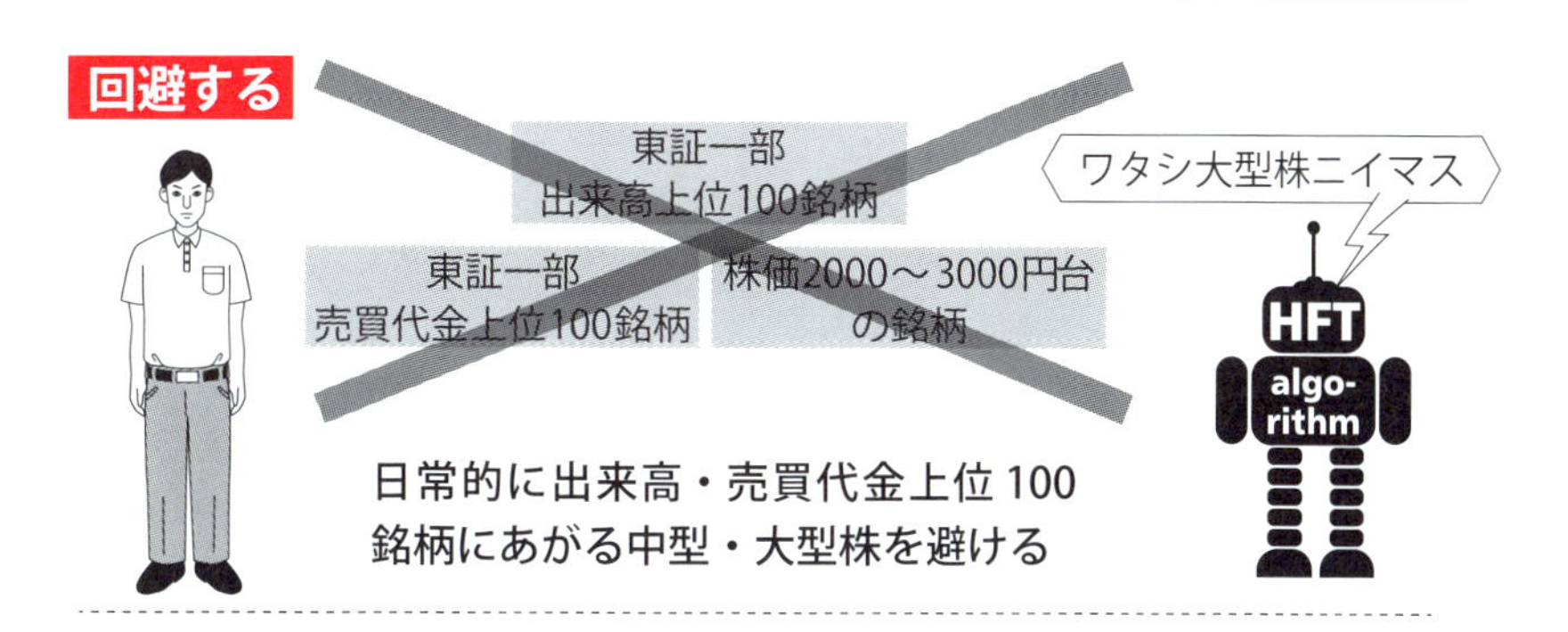

味方にする

アナタ買ウ、ワタシモ買ウ

HFT algo-rithm

自分の買い500枚 ＋ HFTの買い500枚 → 1,000

ある程度の枚数で買うと、HFTが追従買いをしてくれる可能性が高い

売気配	価格	買気配
198	8,002	
178	8,001	
1,000	8,000	
	7,999	156
	7,998	80
	7,997	55

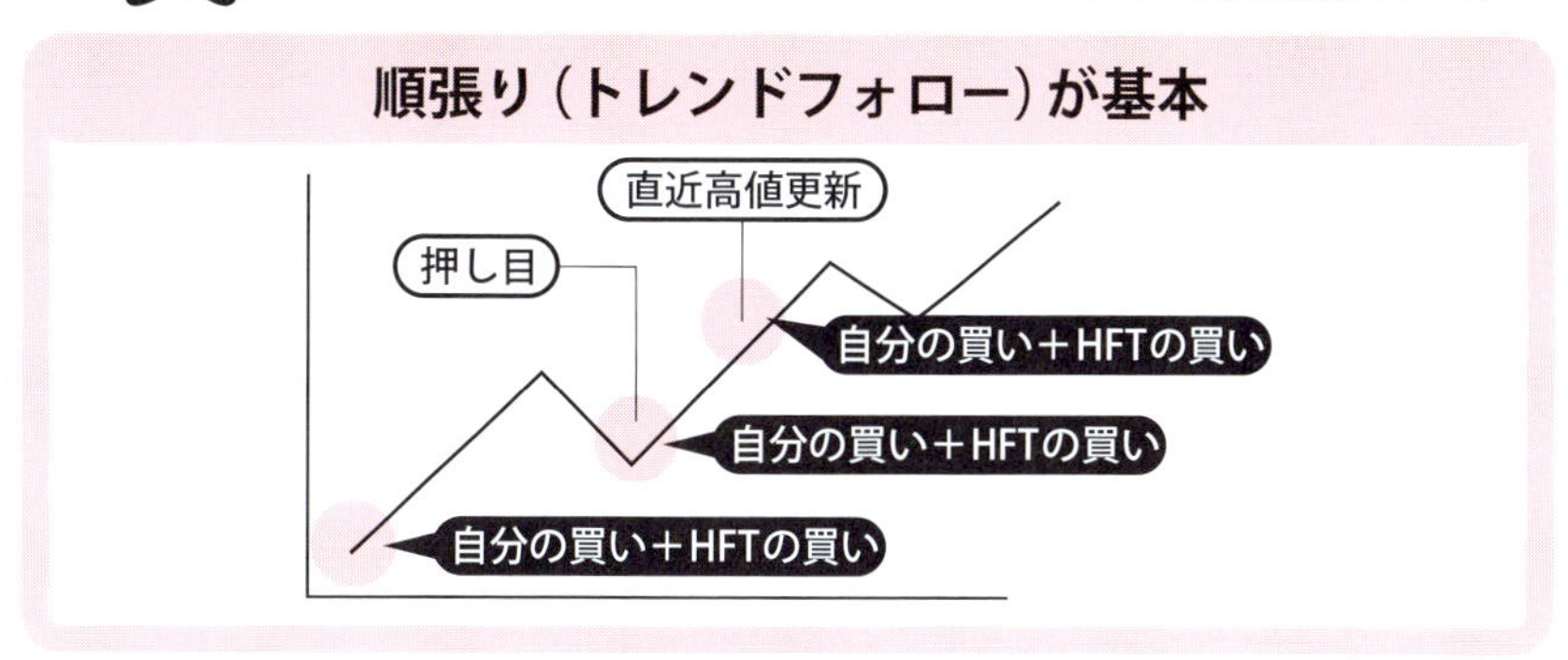

アルゴリズム対策は**「回避する」「味方にする」**の2つだ。人にあらずんば投資家ではない。コンピュータを逆手に取るのだ。

プログラムされたHFT・アルゴリズム取引は、**短期売買向け**なので、導入した銘柄に、出来高を伴った値動きがなくては機能しない。停止したままだ。

なので、HFT・アルゴリズム取引は、東証一部の出来高上位100銘柄ほどに導入されている。よって、回避するには、この**銘柄を外す**方法が考えられる。

そして、主力銘柄の株価2000円〜3000円台の銘柄を避ける方法もある。この価格帯は、板が薄く、刻み値が1円なので、需給が板にはっきりと表れる。HFT売買によって上下に振り回されるのだ。

HFTを味方につけるには順張りが有利である。ある程度資金を持つ投資家ならば、板に対するインパクト判定で追従買いが入る。「買われている株を買う」というのが基本なのだ。

アルゴリズム取引は、多くの金融商品に導入され、テクニカル分析で発注するように組まれている。

次の章で解説するテクニカル分析に基づくトレードを行えば、HFT・アルゴリズムを味方にできるだろう。

●ミニコラム●

デイトレードは難しい

★若者に人気だけど…

2013年11月、株式の空売り規制が緩和されて、先物と同じように空売りができるようになった。

この緩和を受けて個人投資家のデイトレード環境は、証券会社が用意するアプリケーションの質に、信用取引の金利と売買手数料の安さが加わり、過去最高に整った状態と言える。

現在、デイトレードの環境は良いといっても、これまでのデイトレーダーの成績は、巷の噂通りに良くないはずだ。原因の一つに、経験の浅いトレーダーが投機に向かうことが挙げられる。

デイトレードとは、板読み、テクニカルチャート、為替、企業業績、テーマなど、各材料の端々を総合して銘柄を選び、一手を打つことであり、株取引の経験がある程度求められるのだ。

板読み

売気配	価格	買気配
4	102	
2	101	
	100	5
	99	3

テクニカルチャート

国内・海外市場分析

国内市場のテーマ

アメリカ株・為替動向

経済指標・企業ニュース

76ページで登場した相場師や外国人のエリート投資家などは、家族やその生活と引き換えに、命をかけて挑んでくる。片手間で勝負する世界ではないのだ。

ライバルは命がけでくる世界のエリートたち

5章

テクニカル分析で銘柄を選ぶ

★値動きが一目瞭然 ローソク足チャートを理解する

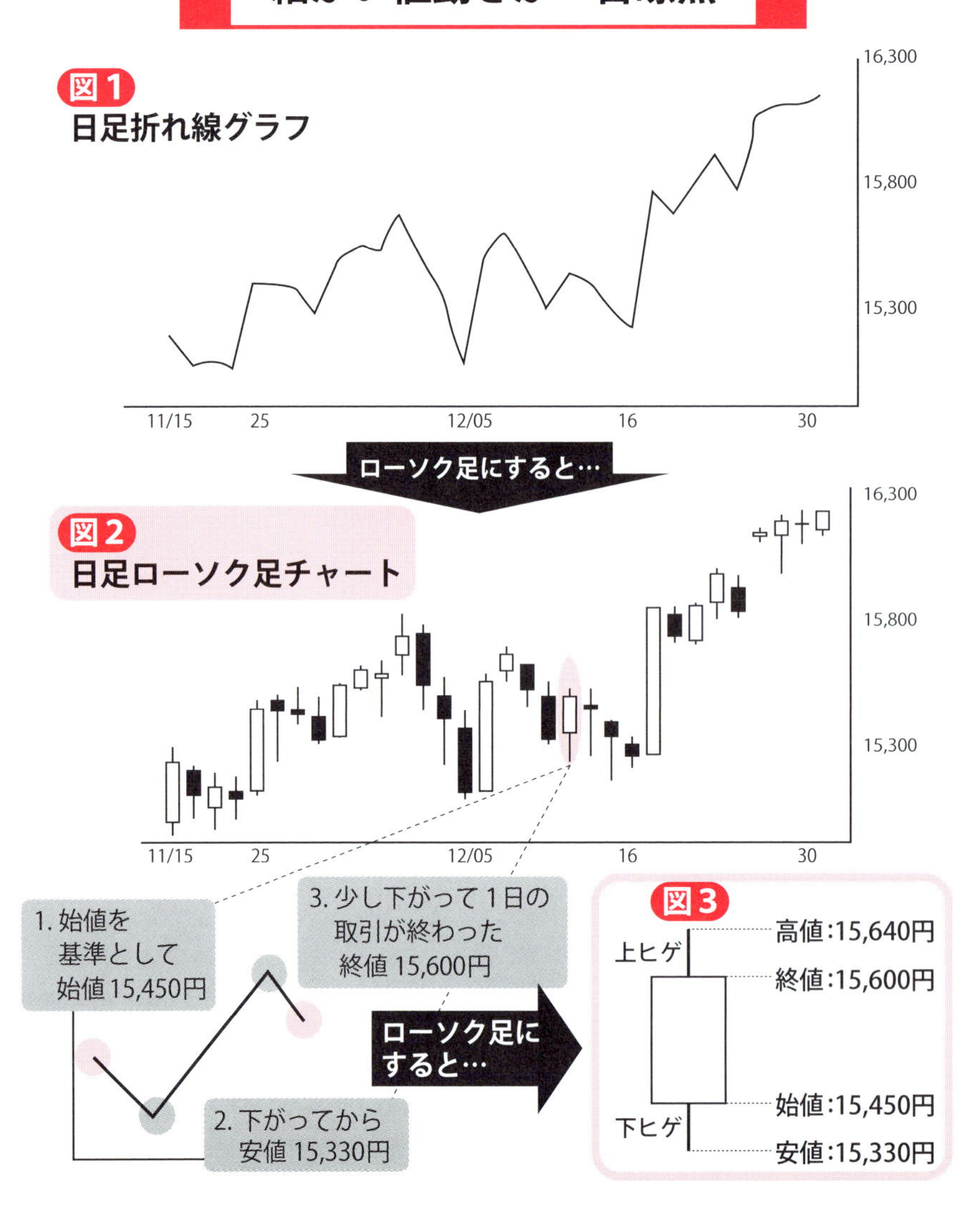

★何を示しているか

チャートとは、株価を観測する図表のことで、縦軸が価格、横軸が時間で、過去の値動きが分かる。

株式投資で見る折れ線グラフは、株価のある期間（15分、1日など）の「終値」を結んだラインなので「何となく上下しながら上昇しているようだ……」などとしか分からない。

そこで、折れ線グラフに情報を追加したのが、金融商品専用の**「ローソク足チャート」**（図②）だ。

株価や先物価格にはある期間における**「四本値」**という指標がある。「終値」に「始値」「高値」「安値」を足した計四本の値段のことだ。

これを一つの図にしたのがローソク足で、5分ごとに並べたのが「5分足チャート」、一カ月ごとにローソク足を並べたものが「月足チャート」となる。

★POINT★

ローソク足を見れば株価の動きがすべて分かる。基本として覚えておこう。

陽線と陰線が示すこと

陽線のローソク足

終値
始値
株価
終値
始値
時間

陰線のローソク足

始値
終値
株価
始値
終値
時間

ローソク足からいろいろな情報が得られる

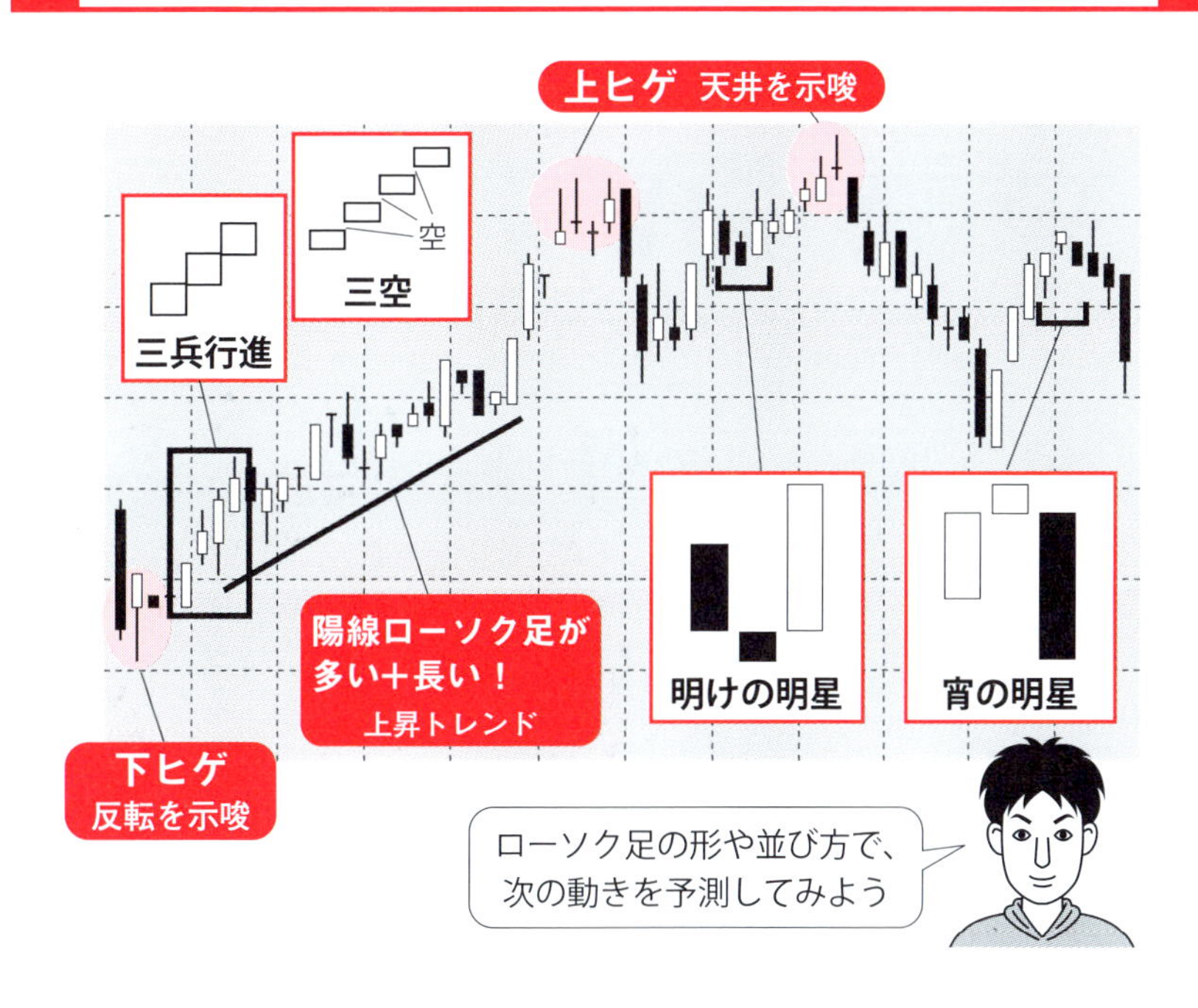

これらの基本をもとにローソク足チャートを使えば、視覚的なテクニカルスキルを身に着けることができる。

ローソク足チャートからは、**トレードに役立つさまざまなサインが発せられる**。投資家が一番に時間を割いて見なくてはならない指標なのだ。

★チャートからわかること

ローソク足チャートからの視覚的分析は、第一に**「トレンド」**である。

上図にある「陽線」「陰線」と呼ばれる線を見れば、始値と終値の関係が分かる。

陽線は始値より終値が高いことを、陰線は始値より終値が安いことを表している。右肩上がりの上昇トレンドでは、陽線が多く陰線が少ないことが分かるはずだ。

第二は**「天井と底値」の判読**である。大きなトレンドの終わりには、必ずそれを示唆するサインが出る。「上ヒゲ」「下ヒゲ」の長さがその一つで、安値から大きく戻したローソク足には長い下ヒゲが現れて大底反転を決定づける。

上昇相場で長い上ヒゲが現れたら「頭打ち」で、その後は下落に向かう可能性が高い。

★抵抗線上でトレードせよ
トレンドラインを活用する

上昇トレンドにはサポートライン

下降トレンドにはレジスタンスライン

★一本の線を引くと値動きは簡単になる

ローソク足チャートを眺めて、右肩上がりなら上昇トレンドで間違いない。しかし**「どこで買うか」**が問題だ。

トレンドとは一般的にマーケットの動く方向性を意味するが、現実には直線的ではなく上下に波打った動きをしている。

できれば上昇トレンドの中でも安く買いたいものだ。そして上昇トレンドが終わる時に売却したい。

都合の良い話だが、その目安となるテクニカル分析に**「トレンドライン」**がある。

トレンドラインは、チャート上の高値と高値を結んだ**「レジスタンスライン」**、安値と安値を結んだ**「サポートライン」**という2つの抵抗線を、自分で描画することから始める。

図①②では、しばらく続いた上昇トレンドが終わり、レジスタンスラインに頭を抑

一本の線を引くことでトレンドが分かる。主に逆張りの時に役立つ。

トレンドラインを使った実践トレード

株価が上下一定の値幅で動く「レンジ相場」

サポートラインで反発しながら上昇トレンドを継続している。
このラインを下に大きく割るとトレンドが変化する。

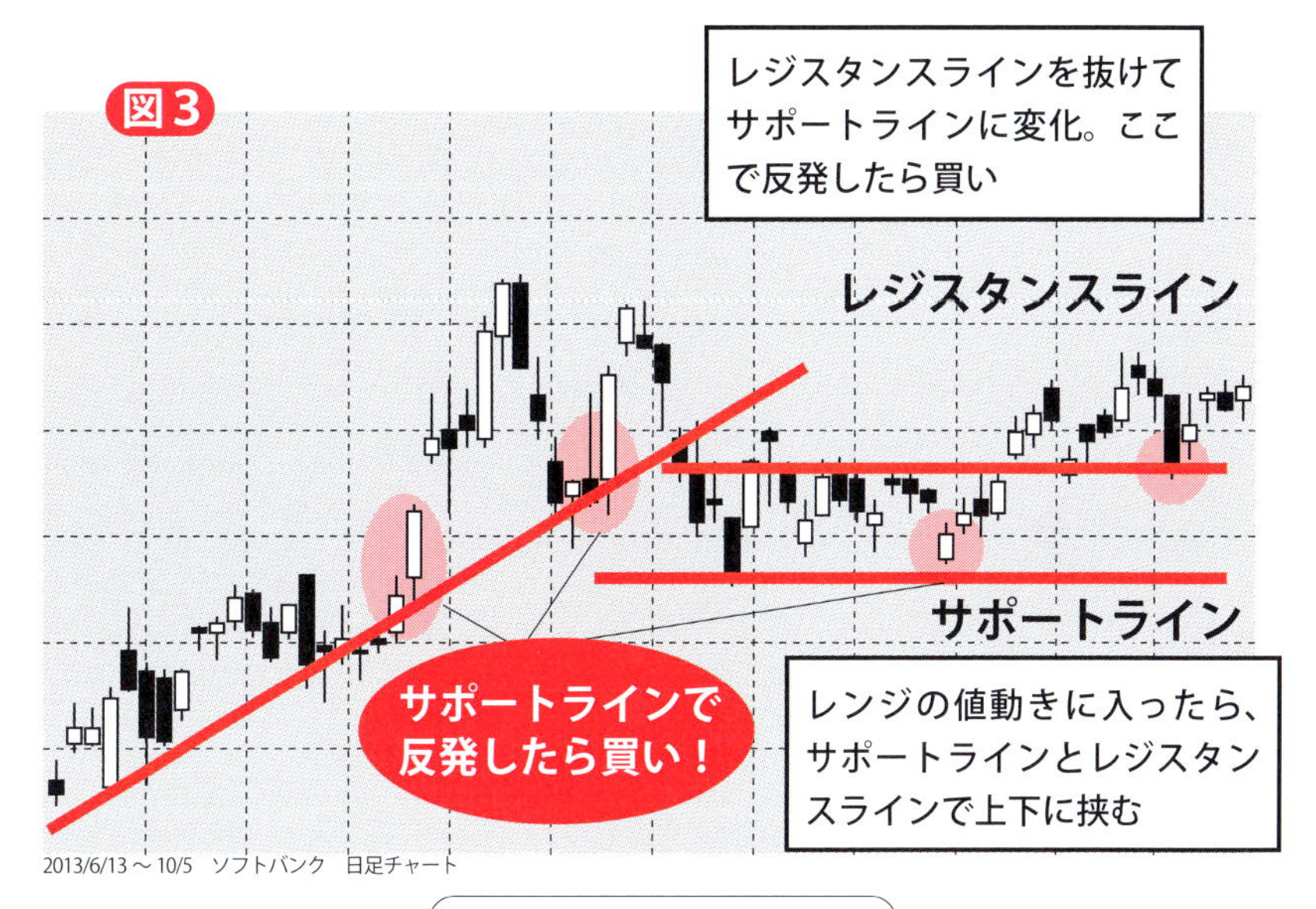

2013/6/13～10/5　ソフトバンク　日足チャート

トレンドラインを引くと買うポイントが絞れるんだ

ラインを割ってすぐに戻さない時は売りポジション

ライン上で反発したら買いポジション

えられて下降トレンドに変化したことが分かる。

図③のチャートでは、長期サポートラインで反発しながら上昇トレンドを継続している。このラインを下に大きく割るとトレンドが変化する。

手法としては、ライン上で反発したら上昇継続として買いポジションをとり、ラインを割ってすぐに戻さない時は売りポジションをとる。

株価が上下一定の値幅で動く**「レンジ相場」**の場合はどうだろうか？

図③のレンジでは、サポートラインとレジスタンスラインに挟まれて、横ばいトレンドを形成している。

もし、レジスタンスラインを上抜けた場合は、株価水準の変化からレジスタンスラインがサポートラインに転換する。何故なら、今までずっと抜けなかった抵抗線の価格を抜けると、空売りの買い戻しが入り、需給バランスがレンジを押し上げるからだ。

このような上下に波打つ株価に方向性（トレンド）を見出し、それに従いながらも安値を狙う手法は「逆張り」と言われている。つまり逆張りを手助けしてくれるのがトレンドラインなのである。

移動平均線をトレードに活かす

★買うポイントを探るための線

移動平均線とは何か

過去の平均値を結んだもの

3日移動平均線（MA）の例

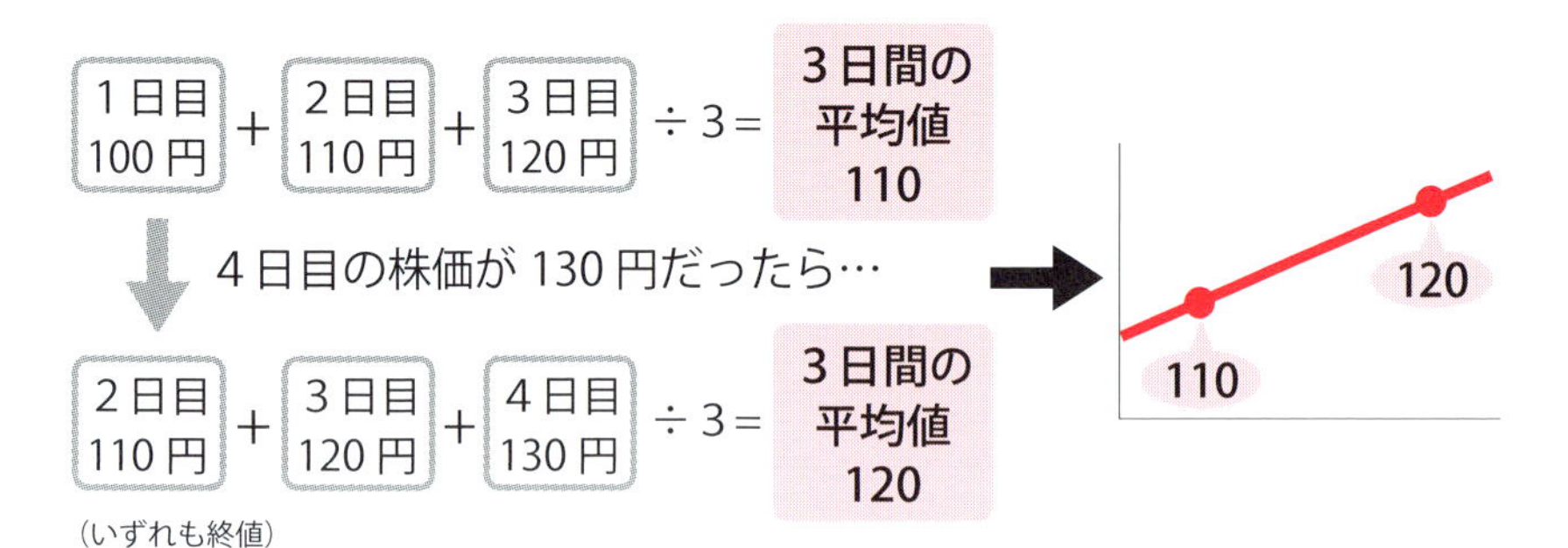

不規則な動きを平滑化してくれる

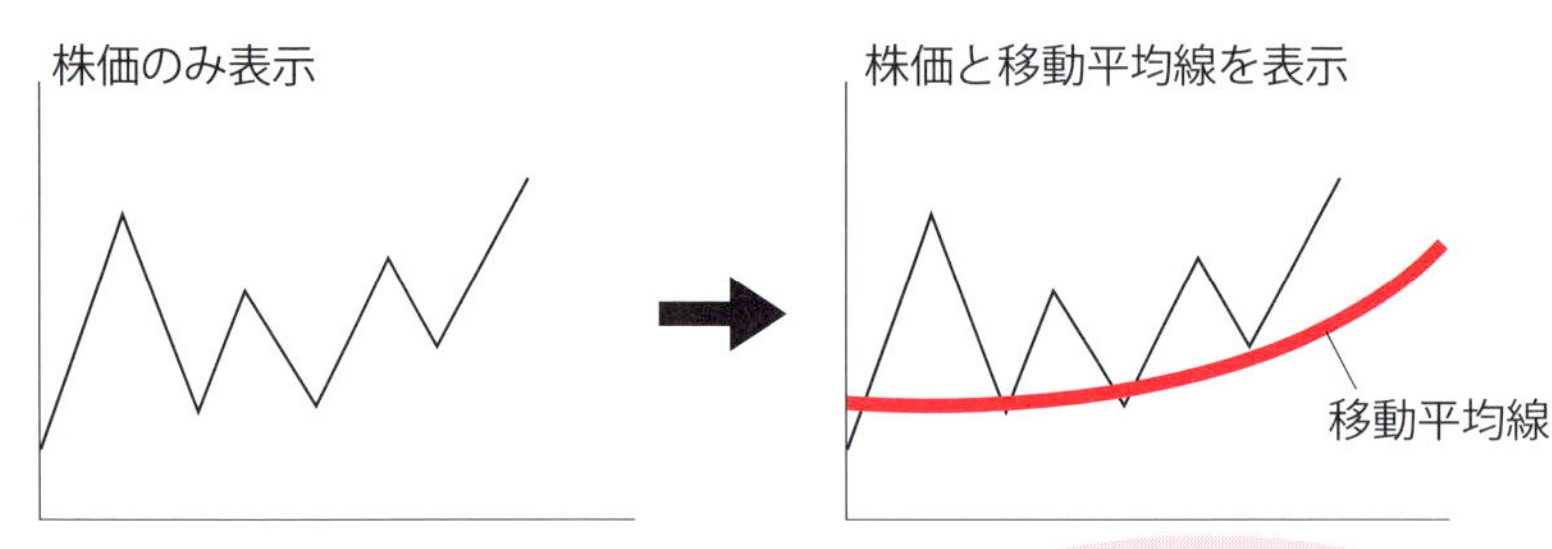

ランダムな値動きで
上がっているのか下がっているのか
分からない

大きな流れの
方向性（トレンド）が
見えてくる

★終値平均値を示す

「移動平均線（MA）」は、一定期間の終値平均値をグラフ化したもので、もっともメジャーなテクニカル指標である。「25日移動平均線」ならば、その日を含めて過去25日間の終値の平均線となる。

移動平均線は、ネット証券などのチャートを開くと、最初から描画されている場合が多い。基本は**「5日」「25日」「75日」**の3本の移動平均線であるが、**「200日」**も加えるとよい。

移動平均線から読み取れるのは、トレンドや下値サポートなどで、前項のトレンドラインと同じような機能を有することだ。しかしMAの最大の特徴は、**2本の曲線の交差と乖離**なのだ。

上図では、5日MA、25日MA、２００日MAを描画した。２００日MAは、ゆったりとボトムとして長期的なトレンドを表し、その上を短期線の5日MAと25日MA

★POINT★

過去の平均値をわかりやすく示した移動平均線の動きで値動きが見えてくる。

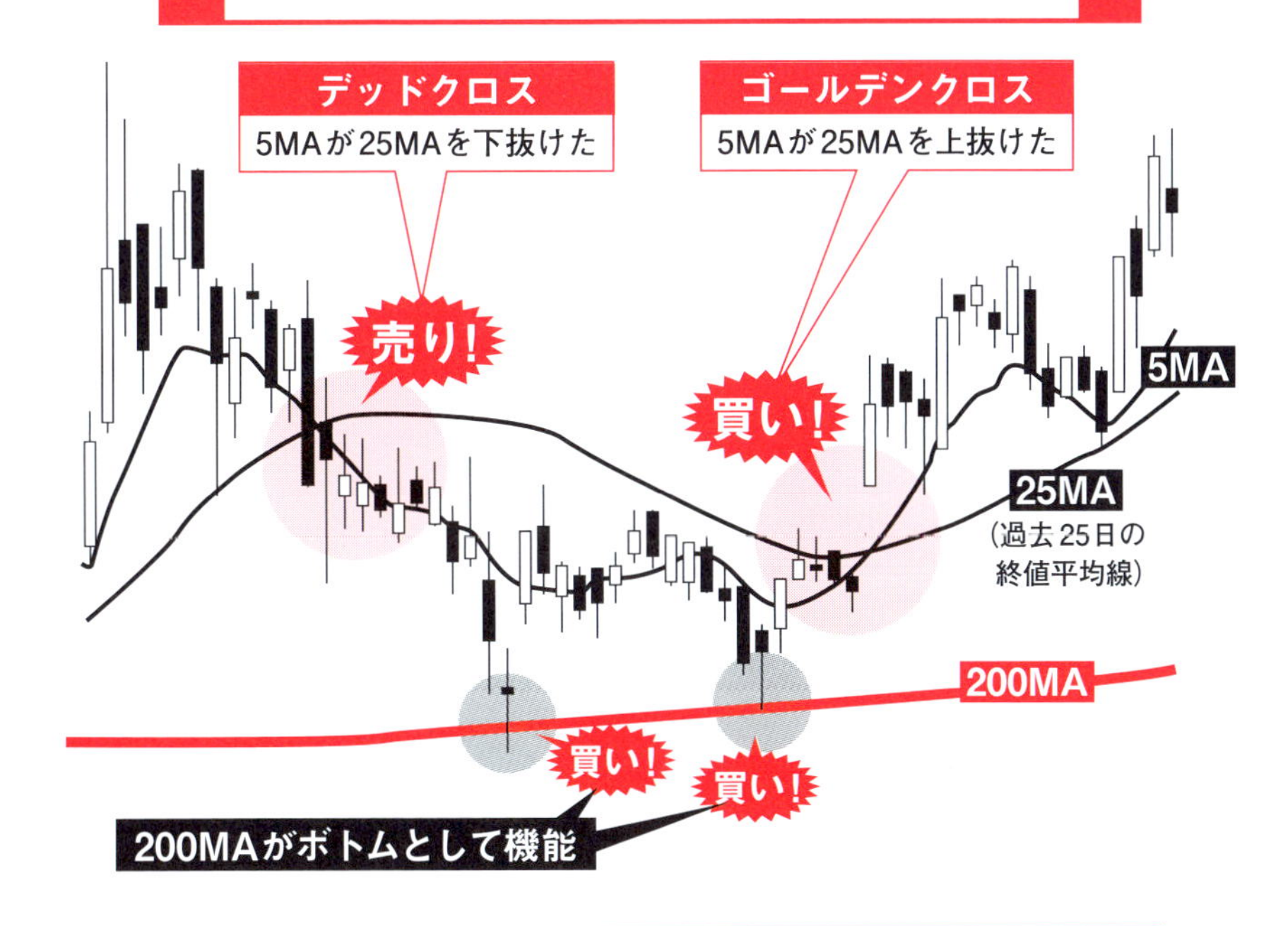

株価は200MAを中心に動いている

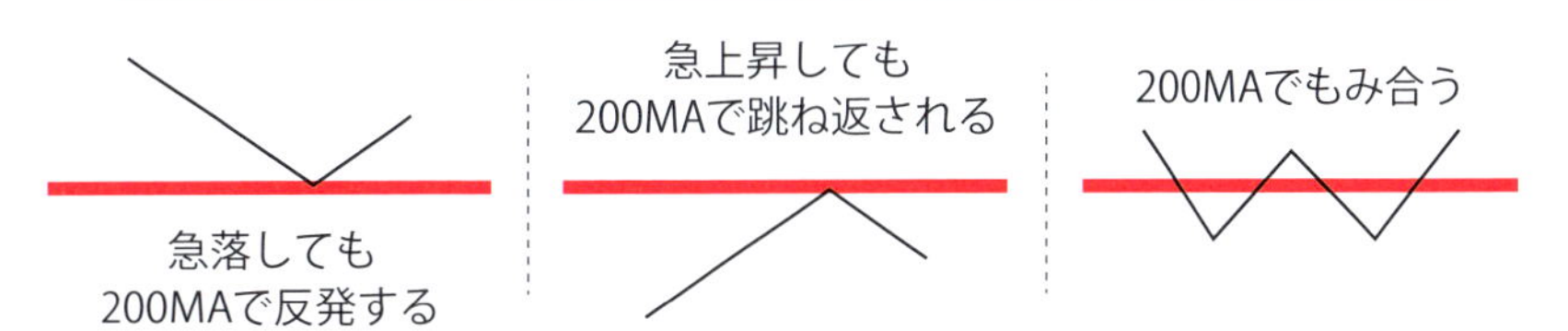

大きなトレンドで判断すると、株価が200MAより上で推移していれば強気相場、下で推移していれば弱気相場となる。

が動き回っている。

★大事なのは200日MA

トレードに生かすには、5日MAが25日MAと交差するところに注目する。

5日MAが25日MAを、上から下へ貫くと**「デッドクロス」**となって、下落のサインだ。そして、25日MAを下から上へ貫くと**「ゴールデンクロス」**となって上昇のサインとなる。

200日MAはチャート上に一番太く表示させておこう。

値動きは200日MAを中心に動いている。25日MAが200日MAと乖離し過ぎると、高値警戒感から下落に向かう場合も多い。

その時は200日MAぐらいで下げ止まるという意識を持とう。さらに、長期的に下落している銘柄が勢いよく反発しても、200日MAで一旦は頭を抑えられるはずだ。

200日MAの場所を常に把握しておくことが大切だ。そのため、200日MAを明るい色に変更し、なおかつ太い曲線で表示させておこう。

★次の展開を予測する

トライアングルを覚える

3つのトライアングル

上昇三角形型

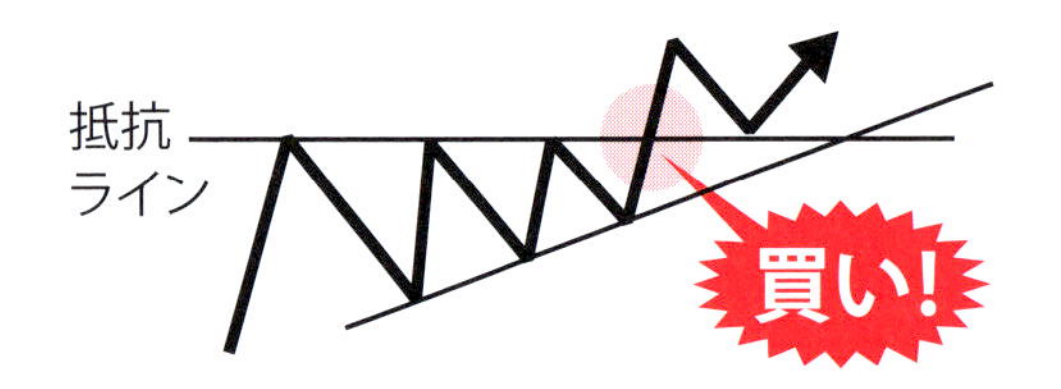

安値を切り上げて、上昇トレンド継続。抵抗ラインを抜けて、もう一段の上昇となる。

対称三角形型

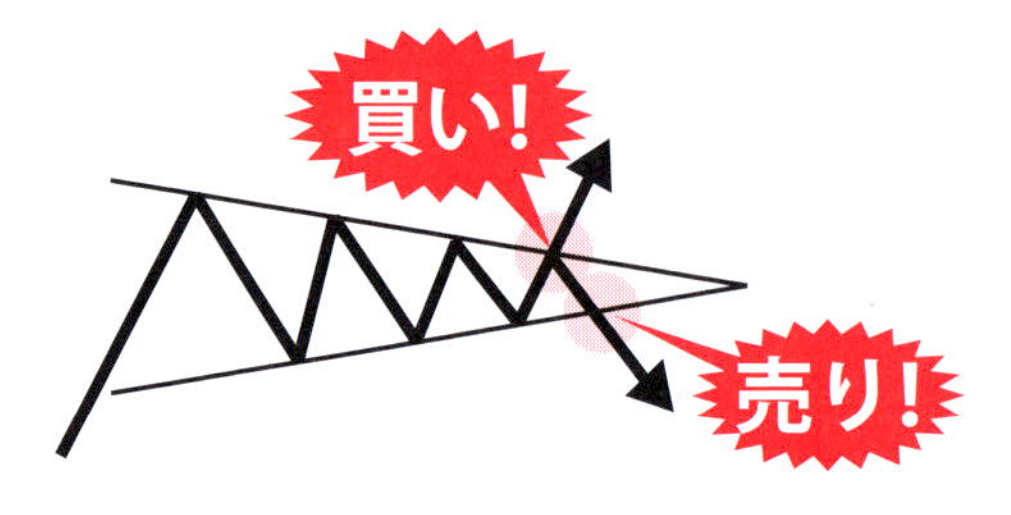

値動きが収縮して上か下かへ一気に揺れる。もみ合い時間が長いほど、大きなトレンドが発生する。

下降三角形型

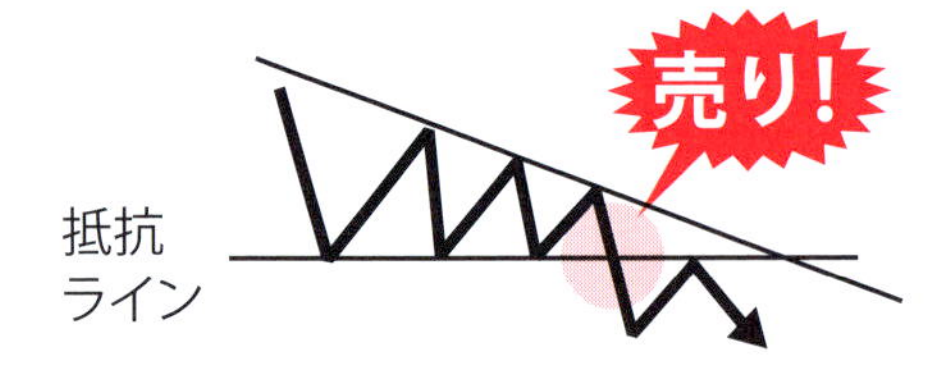

上値を切り下げて、下降トレンド継続。抵抗ラインを抜けて、もう一段の下落となる。

おおむねこの3つに集約される

★チャートが作る三角形

証券会社のディーリングルームでは、午後3時を迎えると、悔やむ者と、安堵にひたる者の情報交換が始まる。「やはりこの形か！」「何でこういうチャートになるの……」こんな会話が聞こえてくる。

トレーダーは、無意識に目先的なチャートの型をイメージして取引しているのだ。とはいえ、それは経験則から導かれるオリジナルのものではなく、基本的な**「トライアングル」**というチャート型に収まる。

トライアングルは、**「上昇三角形型」「下降三角形型」「対称三角形型」**に集約できる。

集約としたのは、他にも「四角」「くさび状」やら条件別に様々な名前がつけられた型があるのだが、結局この3つに回帰しているからだ。

型の名称はややこしいが上図を手がかりに三角形の型をイメージしよう。

★POINT★

チャートの動きにはいくつかの型がある。三角形を見つけて売買に活用しよう。

チャートの使い方

デイトレーダー

1分・5分・10分足チャートをメインに使用

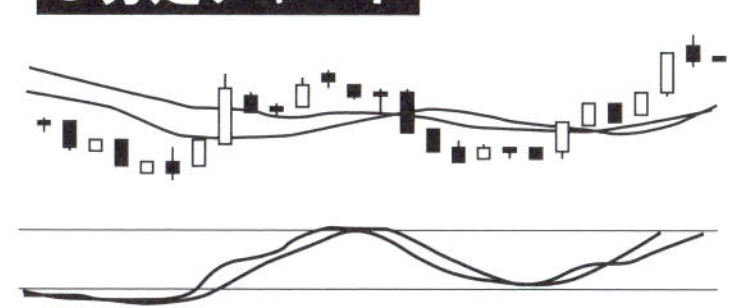

スイングトレーダー

1時間・日足・月足チャートをメインに使用

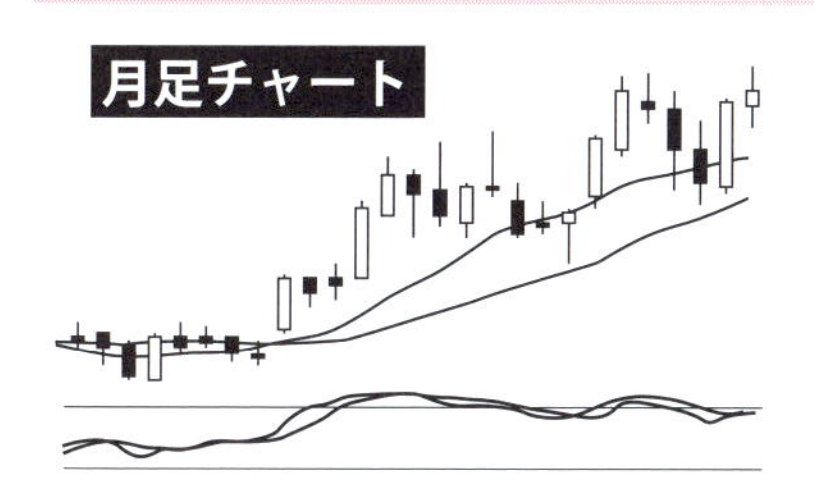

テクニカル分析ツール

移動平均線

トレンドライン

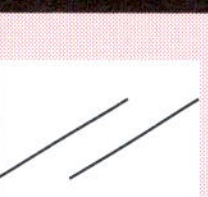

どんなチャートでも大丈夫

チャートテクニカル

ローソク足

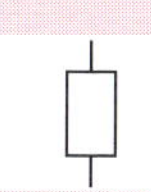

トライアングル

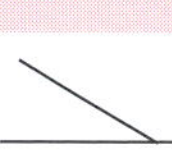

★3つの三角形の持つ意味

上昇三角形型は、安値を切り上げて上昇トレンドが継続することを意味する。

上昇してきた株は、必ず一旦もみ合いに入り、安値を切り上げているのを確認すると、買い勢力が拡大してもう一段の上昇となる。

下降三角形型は、その逆で、一旦下げ止まるも買いが続かず、安値を切り下げて、もう一段の下落となるパターンだ。

対称三角形型は、もみ合いの中で、高値は切り下がり、安値は切り上がる形となっているもの。これは買いと売りの勢力が拮抗して、三角形の先端が細く神経質な状態だ。

捉え方としては、もみ合い時間が長いほどエネルギーは高まり、上昇、下落のどちらかに放たれた時の勢いが大きくなると考えられる。

スイングトレーダーやデイトレーダーでは、扱うチャートの時間軸（5分足、日足など）が違う。

しかし心配はいらない。トライアングルのみならず、テクニカル分析は、**どの時間軸でも同じように当てはまる**のだ。

Select Stock in technical analysis
テクニカル分析で銘柄を選ぶ 5

★さまざまな勝ちのセオリー
ここを買えば勝てる！

王道の高値ブレイクを狙え

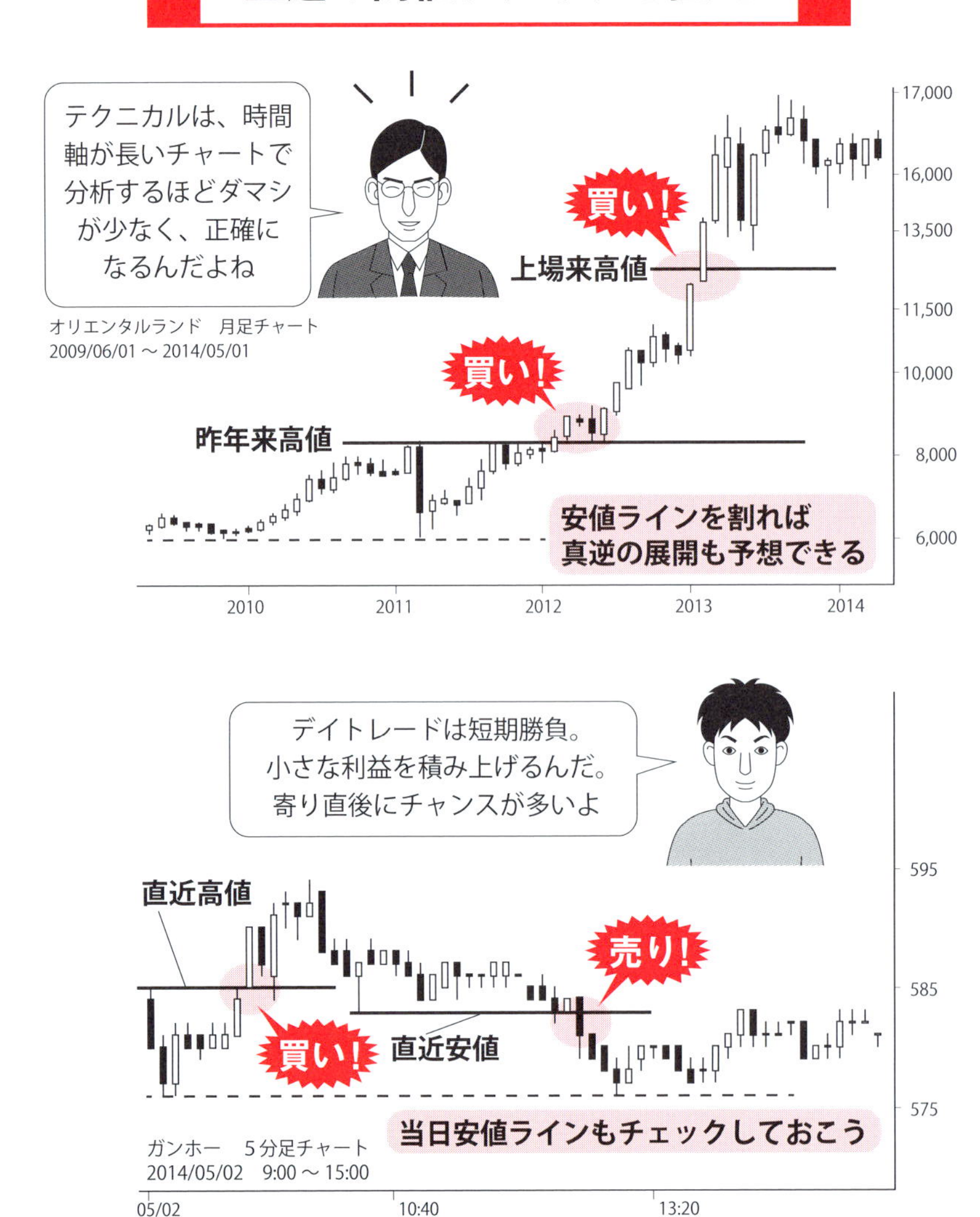

★高値ブレイクを狙え

「高値ブレイク」——順張りの王道だ。この手法だけでトレードしている人がいるほど有名な手法である。

そして、有名な手法でなくては意味がなく、役に立たない。企業業績や財務状況といったファンダメンタルも、テクニカル的手法も、そのことを誰も知らないとなると、意図した方向には動かないからだ。

ここまで何度か出てきた**「節目」**には、区切りの良い価格「100円」「1500円」などの他に、**「高値」**がある。

高値には、年初から現在までのもっとも高い値段の「年初来高値」、上場してから現在までの「上場来高値」、そして、半年以内の「直近高値」などがある。日足・週足・月足チャートで高値をチェックする習慣をつけよう。

これらの高値を買って上放れを期待するのが「高値ブレイク」という手法だ。

★POINT★

**有名なパターンを覚えて
トレンドの波に乗り、勝ち続けよ！**

急騰・急落後の値動き

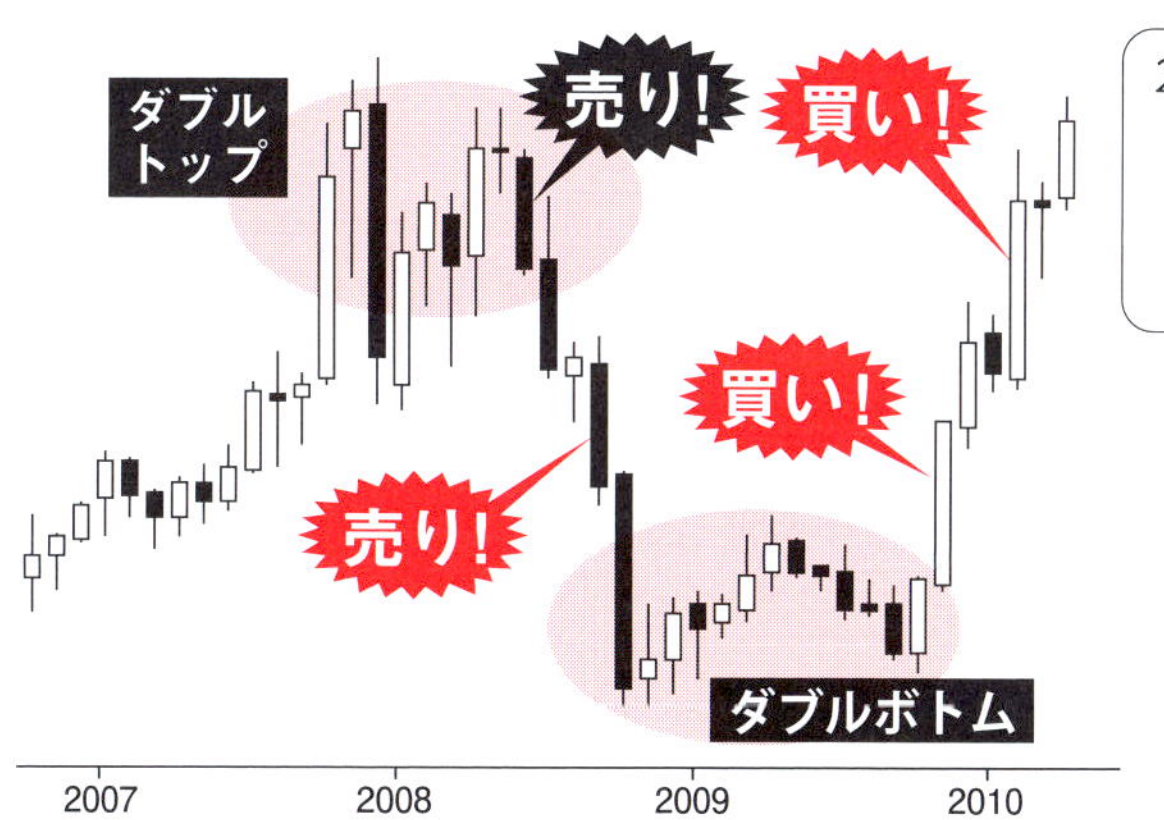

DeNA　月足チャート
2007/01/01 〜 2010/06/01

天井・大底の形成パターン

ダブルトップ
ほぼ同じ高さ
売り！
ネックライン
売り！
上昇トレンドライン

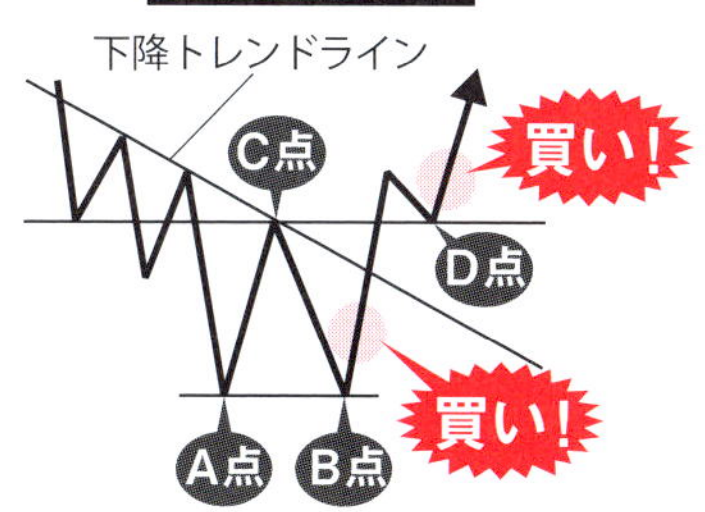

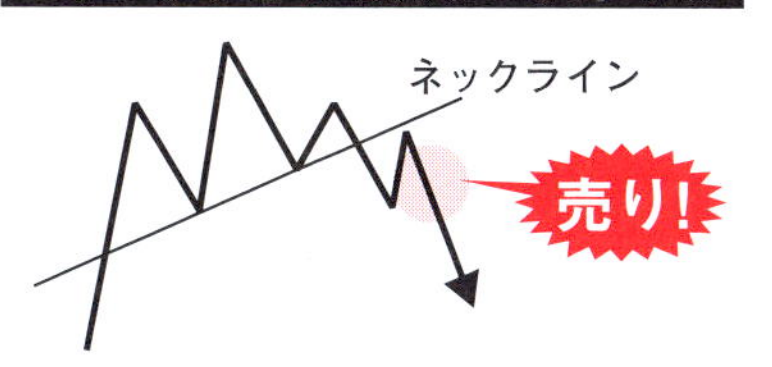

★天井と大底を見極める

長らく続いた一つのトレンドは、いずれ天井・大底を迎えて終焉する。

しかし大抵の投資家はそれに気づかないままだ。トレンドの変化をいち早く知るために、天井・大底の形成パターンを覚えよう。

天井を見極める**「ヘッドアンドショルダーズトップ」**、**「ダブルトップ」**。そして大底を見極める**「ダブルボトム」**である。

ヘッドアンドショルダーズトップとは、頭と両肩の意味で、真ん中の頭を高値にして、右肩下がりとなったトリプルトップの一種である。

ダブルトップは、一つめの山の高値に挑戦するが、下落となって二つの山を形成するパターンだ。

いずれも上昇トレンドの天井で見られ、上図のように、買いポジションを解消するか、売りのポジションを持つ戦略が考えられる。

下落トレンドの大底を捉えて買いポジションを持つために、覚えておきたいのがダブルボトムだ。2回にわたって安値をつけるパターンで、日本では一番底に対して「二番底」と表現する場合もある。

【著者】
高野譲（たかの・ゆずる）
証券トレーダー。個人投資家10年と機関投資家８年の経歴を持つ。現在は独立し投資関連事業を法人化、アジアインベスターズ代表。著書に『図解　株式投資のカラクリ』『株式ディーラーのぶっちゃけ話』（いずれも彩図社）がある。

【図解】株式投資のカラクリ

平成29年 7月21日第一刷

著　者　　高野譲
発行人　　山田有司
発行所　　株式会社　彩図社
　　　　　東京都豊島区南大塚3-24-4
　　　　　MTビル　〒170-0005
　　　　　TEL：03-5985-8213　FAX：03-5985-8224
イラスト　宮崎絵美子
印刷所　　シナノ印刷株式会社

URL：http://www.saiz.co.jp
　　　https://twitter.com/saiz_sha

ISBN978-4-8013-0236-5 C0033

一部イラスト：Freepikより

※本書は、小社刊『図解・株式投資のカラクリ』をもとに作成したものです。